本书系河北省社会科学基金项目"高校基于 WSR
系统方法论的河北红色基因工程传承机制研究"
（项目批准号 HB21ZX008）的研究成果

高校红色基因传承
与思想政治教育

张　坤　著

燕山大学出版社

· 秦皇岛 ·

图书在版编目（CIP）数据

高校红色基因传承与思想政治教育 / 张坤著. —秦皇岛：燕山大学出版社，2022.5
ISBN 978-7-5761-0313-7

Ⅰ. ①高⋯ Ⅱ. ①张⋯ Ⅲ. ①高等学校—思想政治教育—研究—中国 Ⅳ. ①G641

中国版本图书馆 CIP 数据核字（2022）第 058834 号

高校红色基因传承与思想政治教育

张　坤　著

出 版 人：陈　玉
责任编辑：刘馨泽　　　　　　　　　　策划编辑：刘馨泽
封面设计：刘馨泽　　　　　　　　　　责任印制：吴　波
出版发行：燕山大学出版社　　　　　　地　　址：河北省秦皇岛市河北大街西段 438 号
YANSHAN UNIVERSITY PRESS
邮政编码：066004　　　　　　　　　　电　　话：0335-8387555
印　　刷：英格拉姆印刷(固安)有限公司　经　　销：全国新华书店

尺　　寸：170mm×240mm　16 开　　印　　张：12.75　　字　　数：195 千字
版　　次：2022 年 5 月第 1 版　　　　印　　次：2022 年 5 月第 1 次印刷
书　　号：ISBN 978-7-5761-0313-7
定　　价：52.00 元

版权所有　侵权必究

如发生印刷、装订质量问题，读者可与出版社联系调换

联系电话：0335-8387718

前　言

我们党历来高度重视思想政治教育工作建设。在革命、建设、改革各个历史时期，我们党对思想政治教育工作建设都作出过重要部署。改革开放以来，党中央先后出台 10 多个关于学校思想政治工作的文件，对思想政治教育建设提出明确要求，不断推动思想政治教育的改革。同时，党中央历来高度重视爱国主义教育和革命传统教育，反复强调要在全国各族人民特别是广大青少年中大力弘扬和培育以爱国主义为核心的伟大民族精神。

红色文化是广大人民群众在中国共产党领导下，在实现中华民族的解放与自由的历史进程中，在社会主义革命和建设时期，在整合、重组、吸收、优化古今中外的先进文化成果基础上，以马克思列宁主义的科学理论为指导而生成的革命文化。中国共产党带领人民奋斗的足迹深深地铭刻在民众的心坎里，铭刻在华夏的土地上。红色文化的传承和运用是弘扬民族精神、培育时代精神、提高全民道德修养、对国民进行爱国主义教育的重要支点。充分挖掘、保护和利用红色文化资源，弘扬红色文化，传承红色基因，以红色文化为内生点不断推进高校思想政治教育工作的改革和创新是当下高校思想政治工作的应有之义。

十八大以来，中国特色社会主义进入了新时代，新时代的大学生要以习近平新时代中国特色社会主义思想为指引，以习近平高校思想政治工作系列讲话精神和决策部署为根本遵循，在理论和实践的结合中进一步做好红色基因的传承与创新，让红色基因代代传，让中国特色社会主义事业血脉永续。当代大学生要立鸿鹄志，做奋斗者，把人生抱负落实到脚踏实地的实际行动中来，把学习奋斗的具体目标同民族复兴的伟大目标结合起来，积极拥抱新时代、奋进新时代，在实现中华民族伟大复兴中国梦的伟大实践中放飞青春梦想，让青春在为祖国、为民族、为人民、为人类的奉献中焕发出更加绚丽的光彩。

目　　录

第一章 高校思想政治教育实效性
及其影响因素

第一节 教育教学实效性内涵阐释

近年来，各高校针对思想政治教育教学实效性问题所进行的调研分析，把思想政治教育教学实效性问题的研究推到了一个十分突出的位置，但时至今日，对思想政治教育教学实效性进行深度研究的成果还十分有限。事实上，思考思想政治教育教学实效性的问题，必须先从理论和实践两方面对实效性的内涵进行科学的界定。笔者认为，对思想政治教育教学实效性的内涵可以作广义和狭义的理解。

一、教育教学实效性内涵的广义理解

从广义上来说，思想政治教育教学过程作为一种实践活动，其实效性就是对思想政治教育教学实践结果的评价，即指思想政治教育教学活动所达到的实际效果、效能和效率的总和。

所谓思想政治教育教学的效果，是指思想政治教育教学活动对学生思想与行为的影响程度和所达到的实际效果，这种影响程度和实际效果不仅体现在教育教学过程中，而且体现在学生今后的实践活动中。例如，在教育教学过程中，思想政治教育教学有比较强的吸引力和感染力，学生对思想政治教

育教学所教授的内容有比较高的认同率，能够对实际问题进行科学的理论分析；学生在思想素质、政治素质、法纪素质、道德素质、心理素质等方面有了明显的提高；思想政治教育教学活动为学生形成科学正确的世界观、人生观和价值观打下了良好的基础；学生在今后的实践活动中，以思想政治教育教学学习所得作为自身思想道德素质和政治法纪素质不断提高的基础等。

所谓思想政治教育教学的效能，是指思想政治教育教学活动在整个大学教育教学过程中所能起到的作用和发挥的影响。也就是说，思想政治教育教学活动是整个大学教育教学过程中的一个要素，它同大学教育教学过程中的其他教育教学活动处在相互作用中，如果这种相互作用呈正相关状态，即思想政治教育教学活动的实施促进了大学教育教学质量的整体提高，最终促进了学生全面素质的提高，则思想政治教育教学活动就是有效能的；反之，如果这种相互作用呈非正相关状态，则思想政治教育教学活动就是没有效能的。

所谓思想政治教育教学的效率，是指投入思想政治教育教学活动中的教育教学资源与思想政治教育教学活动所取得的实际效果之间的比率。在思考思想政治教育教学的实效性时，要对思想政治教育教学活动所耗费的教育教学资源和所获得的效果进行定量化分析，如果较小的"投入"，取得了较大的"产出"（诸如思想政治教育教学目的的实现，学生思想道德素质和政治法纪素质的提高等），则思想政治教育教学活动就是有效率的；如果以同样的"投入"，取得的是较低的"产出"，则思想政治教育教学活动就是无效率的或低效率的。

显然，从以上三方面来考察思想政治教育教学的实效性是要将实效性纳入学生成长的过程中来思考，纳入整个大学教育教学的过程中来思考。概而言之，这三个方向的思考是要回答思想政治教育教学对学生的学习和成长有怎样的吸引力和影响力，对大学教育中其他的教育教学活动有怎样的促进作用，对思想政治教育教学的"投入"是否合算这三个问题。综合这三个方面的评价，最终得出思想政治教育教学实效性。当然，由于教育本身是一项长期性、战略性的"投入"，因此，对教育实效性的任何理解，如果没有战略远见，没有运用历史眼光看待人的培养，没有对社会需要和国家未来的考量，那么我们将永远无法求解教育的实效性，思想政治教育亦然。

二、教育教学实效性内涵的狭义理解

从狭义上来说，思想政治教育教学的实效性，指在思想政治教育教学活动中所体现出来的对受教育者所具有的吸引力和影响力，以及受教育者在经历了思想政治教育过程后对一定的核心价值、理想信念、道德规范等的接受程度。从这个角度来理解思想政治教育教学的实效性，并没有因坚持教育取向的实效性而抛弃社会取向的实效性。思想政治教育教学的实效性不仅体现在教育教学本身的吸引力和感染力上，更体现在对人本身发展的启发性、塑造性和促进性上。后者只能在社会实践中得到评价。受教育者可能是在受教育后相当长的一段时间甚至是若干年后，在社会经验和生活阅历等社会性因素的作用下才表现出对当初所受教育教学的价值认同的。从教育教学的现实情况看，狭义立场的理解有利于正视思想政治教育教学实效性在教育取向方面存在的不足和缺点，这种理解更有利于现实地改进思想政治教育教学中存在的问题。

毋庸置疑，思想政治教育是一种教育实践活动，又属于一种具有特殊性的教育，它同教育的关系是特殊与一般的关系。如果说教育是"传递社会生活经验并培养人的社会活动"，那思想政治教育无疑也是在社会生活传递和人的培养中发挥特定功能和独特作用的教育内容；如果说教育是"培养新生一代准备从事社会生活的整个过程，主要是指学校对儿童、少年、青年进行培养的过程"，那么思想政治教育便是培养新生一代的教育体系不可或缺的组成部分。总之，无论怎样去界定"教育"，思想政治教育都是其整体的一部分。实际上，思想政治教育的实效性存在于它对人的培养，尤其是对新生一代的培养中所能发挥的特殊功能和作用，以及所满足培养对象相应需要的程度。在这里，思想政治教育的实效性既从属于教育的实效性，又具有自身的特殊性。首先，教育不是万能的，所以，思想政治教育也不是包医百病、无所不能的，它有其自身的局限性。其次，教育实践活动的发展，推动着教育实效性的变迁，没有一成不变的实效性适合所有的教育，思想政治教育的实效性也没有唯一的标准。因此，思想政治教育的实效性有着发展性、具体性等特点。

三、教育教学实效性的完整理解

众所周知，在"思想政治教育"作为一个称谓提出以前，作为一种教育实践活动的思想政治教育在不同国家历史发展的不同形态中，经历了漫长岁月。在教育向着学科化和专业化方向发展的过程中，思想政治教育的相对独立性表现出来，而且越来越倾向于通过教学活动的课程教学来承担。在当下，我们说高校思想政治理论课的教学活动，是高校对大学生进行思想政治教育的主渠道和主阵地。这就是说，高校思想政治教育与其课程教学在目标要求、任务承担等方面是统一的、一致的。

教学活动必是教育活动。当我们使用"教育教学"这个概念时，暗含着这样一种意思，即教学是一种担当教育的形式，但不是唯一的形式，所以教育家张楚廷教授说道："教育活动则不一定是教学活动。"从这个意义来说，思想政治教育活动同思想政治教育的教学活动显然是有差别的。但当我们思考思想政治教育的教学问题时，一个非常明确的事实是：现代教育是以学校为主的教育，现代思想政治教育也主要是通过学校教育来进行的。在学校教育的范畴内，教育存在于教学之中。因此，思想政治教育也存在于教学之内。在我国，思想政治教育主要是通过专门性的课程教学来进行的。中华人民共和国成立以来，思想政治理论课程设置和演变的历史表明，任何一次以课程改革为基础的教学改革，都实际上是思想政治教育本身改革的反映。从这个意义来说，通过思想品德课程、思想政治理论课程、公共政治理论课程等课程内容所进行的教学活动，就是对不同层次的学生实施的思想政治教育，如果再加上一些可以延展为教学系列的隐性的课程教学，思想政治课程的教学几乎等同于思想政治教育。因此，我们可以说，思想政治教育的教学活动，也就是思想政治教育活动。

从以上对思想政治教育教学实效性内涵的界定来看，考察思想政治教育教学的实效性，不仅要将其放到思想政治教育教学的目的和过程中来思考，还要将其放到思想政治教育教学的结果中来思考；不仅要将其放到思想政治教育教学范畴内来思考，更应将其放到整个教育教学的过程中来思考；不仅要将其放到受教育者知识、能力和素质水平全面提高的要求中来思考，更要将其放到受教育者的社会生活过程和现实生活表现中来思考；不仅要考察思想政治教育教学对受教育者的即时性影响及其实效性，更应当考察思想政治教育教学对受教育者的历时性影响及其实效性。根据上述阐释，思想政治教育总是要通过课程教学为主的方式来进行，而思想政治课的教学又总是反映、承载了教育活动。因此，我们谈论思想政治教育的实效性时，就不能忽略教学的实效性，而当我们考量思想政治理论课的教学实效性时也是在探究思想政治教育的实效性。

第二节　教育教学实效性与人才培养的一体性

在高校人才培养质量观的演进中，"知识—能力—素质"三位一体、辩证统一质量观的提出并迅速达成共识是近年来教育质量观发展的最显著成果。思想政治教育教学对大学生素质的培养目标体现在其具体的课程教学实践中，其质量评价与其基本目标的实现程度是密切联系在一起的。思想政治教育教学的素质教育大致包括理论素质教育、政治素质教育、道德素质教育、法纪素质教育、心理素质教育等，这些素质教育的内容同高等教育的知识素质和能力素质培养是紧密相关的。高校思想政治教育教学课程的设置是围绕一定目标构建的相互融合和渗透的有机整体。从高校思想政治理论教育"05方案"课程设置的基本思想来看，"马克思主义基本原理概论"侧重于从理论和思维的层面培养学生马克思主义的立场、观点和方法，以及利用其分析和解决问题的能力；"毛泽东思想和中国特色社会主义理论体系概论"不仅融会贯穿了世界观、人生观、价值观方面的教育，而且结合中国革命、建设和改革的实际，进行党的理论、路线、纲领、方针、政策教育，从理论与实践相结合的层面促进学生理论素质、政治素质和思想素质的结合和提高；"中国近现代史纲要"立足中国近现代历史的演变发展，引导学生树立正确的历史观，使学生获得关于中国近现代史发展必然性的正确理解，培养学生的爱国主义精神和民族自尊心、自信心、自豪感；而"思想道德修养与法律基础"等课程所进行的道德素质、法纪素质和其他方面的素质教育则是对学生进行以爱国主义和为人民服务为核心，以集体主义为原则，以民主法制观念的增强为目的的具体教育，最终促进学生做到"知""行"统一。可见，思想政治教育教学各门课程教学内容是环环相扣、缺一不可的。

审视思想政治教育教学课程设置的特点，我们认为，思想政治教育教学坚持了这样的基本理念：不论是什么专业教育，其目的都离不开对"人"的培养。简单说来，就是不管是理工类的学生，还是文史类的学生，他们的发展目标都应是成为在思想力、道德力等方面有较高水准的社会主义劳动者和高素质人才，这一点是基本的、始终不变的。透过思想政治教育教学课程的系统设置，可以看出，思想政治教育教学对学生思想道德素质的提高有着明显的层次性。我们认为，可以从精神层面、思维层面和能力层面来考虑其所具有的功能和作用。

一、着力培养学生的精神素质和思想道德素质

高等教育侧重专业知识、能力教育的特点，要求在任何专业的教育中必须始终贯穿素质教育的内容。当然，高等教育中的素质教育与基础教育中的素质教育不仅有点、面上的不同，而且有层次上的差别。大学的地位和功能要求高等教育在对学生的素质培养中，必须站在历史的高度，坚持高立意。就我国当前高教实践来看，就是要以战略的眼光来主动地思考、设计思想政治教育教学的素质教育内容及其对学生的素质培养目标。应该明确高校教育对大学生更高的思想境界要求和人品、责任感要求，实际上就是思想政治教育教学所要实现的目标。大学的人才培养目标不能只考虑社会上某个部门、某个专业的需要，而要考虑更大的需要，即振兴中华民族的需要，推进中国特色社会主义现代化建设事业的需要，参与未来社会全面竞争的需要。这样的需要，显然要求高校思想政治教育超越"能工巧匠"的培养框架。在培养适应这种需要的人才过程中，思想政治教育教学所起到的作用不仅是政治保证方面的，还是民族精神培养和民族气质塑造方面的、较高思想境界和道德

水平造就方面的。从思想政治教育教学必须坚持"以人为本"的要求来看，它应使学生在现实的受教育过程中，立足于我们的文化传统，适应社会进步的潮流，形成科学正确的世界观、人生观和价值观，确立正确的是非标准，把较高的思想力、道德力内化于灵魂深处。在这里，思想政治教育教学彰显了它在造就"一个脱离了低级趣味的、有益于人民的、高尚的人"的过程中所具有的教育力。

二、着力培养学生对现实问题的理论思考能力

目前，在高校思想政治教育教学中，很大比例的教学内容是思想理论的教育，这是必要的、基本的。但理论教育不是对理论内容的简单述说，而是要从思维层面训练学生对现实问题的理论思考能力。亦即思想政治教育教学的思想理论教育，应立足于我国改革开放的伟大实践，引导学生科学思考我国社会主义事业发展的逻辑及其规律。培养学生以马克思主义的立场、观点和方法分析问题的能力素质离不开从思维层面培养学生正确认识和分析现实问题的基本思想方法，避免"按需要随意取舍真理"的现象发生。从目前看，思想政治教育教学在对现实问题分析和解释上的力度是不够的，学生对社会生活中的种种问题存在思想上的大量疑虑和困惑固然与现实问题的复杂性有关，但不可否认的是，我们对从思维层面来培养学生的理论思考能力素质存在着认识上和行动上的误区，甚至盲区。思想政治教育教学的素质教育应在思维层面培养学生科学、正确的理论思考能力上发挥更大的作用。

三、着力培养学生对理论知识的实践运用能力

思想政治教育教学对学生内在精神素质的塑造和理论思考能力的培养最终都要落实到学生的行为选择和实践活动中来。能力素质的培养是学生把知识外化为实践活动、体现素质教育水平的关键。在高等教育人才培养观从重知识到重能力再到注重提高素质的历史演进过程来看，高素质能力的培养离不开对

理论知识的传授。所谓大学者，研究并传授高深学问者也。不学必然无术，离开知识传授的能力素质培养是不存在的。但不能将理论知识进行实践运用的学生，其社会价值也是令人怀疑的。从能力层面来看，思想政治教育教学不仅可以培养学生的能力素质，而且培养的是学生对理论知识进行实践运用的能力，这种能力的培养显然超越了简单的技术技能培训。在理论知识的实际运用中，受教育者所展现的不仅是自己的思维方式，而且是自己的价值选择。可以说，对理论知识实践运用能力的培养体现着高等教育独特的社会价值，思想政治教育教学要求受教育者在运用知识的过程中能体现出充分的社会价值，把个人价值和社会价值有机地统一到自己的社会实践活动中去。

第三节　教育教学实效性的内容与特征

毋庸讳言，增强实效性和针对性，是当前加强和改进高校思想政治教育的重要课题。高校思想政治教育实效性不强集中表现在三方面：一是理论与实践结合不紧密；二是还不能有效深刻地解释社会生活中一些与课上理论不合拍的现象与问题；三是不能及时有效地回答、解决大学生在世界观、人生观和价值观方面的一些困惑与偏差。这实际上提出了如何评价思想政治教育教学实效性的问题。思想政治教育教学的实效性究竟体现在哪些方面？其实效性由哪些内容构成？它有什么特点？也就是说，从哪些方面去评价思想政治教育教学的实效性？对此我们可以从以下不同的角度和层面来思考思想政治教育教学实效性的内容和特点。

一、实效性的正面引导性特点

思想政治教育教学的最终目的，是使学生具备良好的政治理论素质与思想道德素质，引导学生树立中国特色的社会主义理想，形成科学正确的世界观、人生观和价值观。思想政治教育教学要全面体现党的教育方针和社会主义的办学方向。思想政治教育教学是否具有实效性，与其对学生引导的方向性密切相关；它是否具有实效性，要看其在对现实问题的回答中是否坚持了科学性和正确性的原则，是否落实了正面引导性的要求，这种正面引导性的效果直接反映了思想政治教育教学的实效性。

二、实效性的实践性特点

从人才培养的要求看，思想政治教育教学的实效性如何，关键看学生在社会生活实践中的表现，看他们能不能坚持用马克思主义的立场、观点和方法分析新情况、解决新问题；看他们是否拥护并努力实践党的路线、纲领、方针、政策；归根结底要看学生在接受思想政治教育教学后在现实生活中的表现，只有当表现符合"四有"新人的要求时，思想政治教育教学的目标才算完成。

三、实效性的历时性和潜隐性特点

大学阶段是学生思想观念渐趋成熟的关键时期，"这个人将会是一个怎样的人"在这一阶段已基本成型，该时期形成的思考问题的立场、观点和方法在很大程度上影响着受教育者的一生。如果大学教育中的思想政治教育教学不能对此有所助益，抑或助益不大，如果我们培养的所谓高素质人才只是在"考试中"去"认同"马克思主义的立场、观点和方法，而在"考试后"和今后的人生道路上并未奉行所认同的正确准则，就算不上是真正的坚持。那么思想政治教育教学的实效性是不完全的、缺乏持久性的。我们曾经对毕业多年、有一定社会阅历和成就的人做过非正式调查，问其"在大学最不爱上的课是什么"，答案是"两课"（马克思主义理论课和思想政治教育课）；当问到"你认为对你影响最大的课是什么"时，答案竟然也是"两课"。对他们而言，尽管当时的课并不爱听，但自己走向社会后很多理论、思想，包括做人的道理，恰恰是在思想政治教育教学中获得的。这说明思想政治教育教学完全是必要的，其实效性体现在学生今后的漫长的人生道路上，周期性较长。这种影响力的存在，也说明思想政治教育教学的实效性具有历时性、潜隐性的特点。

四、实效性的直观性特点

思想政治教育教学的实效性首先体现在教学过程中，高校思想政治教育理论课的课堂教学是思想政治教育教学的主要环节，其实效性在课堂教学中首先反映出来。课堂教学吸引力的强弱是衡量思想政治教育教学效果高低的基本标准之一。评价课堂教学的吸引力，一看出勤率，即学生的到课情况，在无强制性要求的前提下，如果学生出勤率低，则说明课堂教学吸引力不强；二看抬头率，即学生听讲的情况，若学生在课堂上不是在认真听讲，而是在看专业书或者玩游戏等，则说明思想政治教育教学活动还没有赢得学生的认同，缺乏吸引力，实效性不好；三看参与率，思想政治教育教学活动一定要调动起学生的积极性，使"教"和"学"互动起来，教师不要只是站在讲台上"演讲"，而要充分调动学生的积极性和主动性，若学生不愿意参与交流等，教学效果是不会理想的。

五、在教育教学考核环节上的认同性特点

任何教育教学过程都离不开对知识的传授，思想政治教育教学所传授的知识具有特殊性，学生对所传授的知识是否认同是衡量思想政治教育教学实效性的标准之一。思想政治教育教学要传授马克思主义的基本理论和基本方法等方面的知识，学生是否认同、接受思想政治教育教学的内容，主要从学生的过程性考核和考试的成绩中表现出来，从学生对现实问题的理论思考中反映出来。所以高校在考核环节上不单要注重试卷的得分，更应从平时形成性评价中进行考量。

第四节　影响教育教学实效性增强的原因分析

思想政治教育教学是大学生思想政治教育工作的重要组成部分，在对大学生进行人才培养的过程中具有不可替代的作用。这些年来，思想政治教育教学在促进学生全面素质提高、维护高校稳定等方面取得了很大成绩。但思想政治教育教学存在的主要问题之一，还是实效性不强。实效性方面的主要问题体现在思想政治教育教学的地位认同和功能发挥方面。从主观方面讲，还存在对思想政治教育教学实效性的不正确、不准确的认识和理解。从客观方面讲，思想政治教育教学的实效性不强、实效性体现得还不充分。导致思想政治教育教学实效性不强的原因是多方面的。

一、教育教学实效性不强的表现

（一）对思想政治教育教学的目标和预期效果还存在不切实际的认识

应该说，思想政治教育教学的目标同其他教学的目标是统一的。但在具体的教学实践中，思想政治教育教学目标的实现变成了简单的教学任务，这必然导致对思想政治教育教学目标和预期效果理解的表象化和简单化错误，结果是以一纸试卷终结了思想政治教育教学的实效性。此乃其一。其二，是把思想政治教育教学的目标和预期效果定得太高，不合实际。比如，把思想政治教育教学定位为引导和帮助大学生树立正确的世界观、人生观和价值观的最重要途径，这在总体上是对的，但正确的世界观、人生观和价值观是要经过长期的社会生活实践才能形成的，是要在真、善、美与假、恶、丑的斗争中才能牢固树立起来的。把这样复杂而繁重的任务仅仅交给高校思想政治教育理论课去完成并不现实。思想政治教育教学不是包医百病的灵丹妙药，必须破除在大学生"三观"培养方面形成"成也思想政治教育""败也思想政治教育"的错误认识。可见，对思想政治教育教学目标和预期效果过低或过高的定位，都是影响正确评价思想政治教育教学实效性的重要因素。

（二）对思想政治教育教学的功能和价值还缺乏一个明确的、统一的定位

长期以来，对思想政治教育功能和价值认识的不明确、不统一，直接影响了思想政治教育教学实效性的生成。在人才培养和日常工作中，人们对思想政治教育功能和价值的认识存在偏颇，特别是在市场经济条件下，人们功利意识的强化、利益观念的凸显、个体意识的膨胀、对短期目标的追求都导致其对思想政治教育功能和价值认识的片面和错误。比如，在各方面工作关系的处理中，思想政治教育教学"说起来重要、做起来后靠、忙起来不要、出了问题才想到"的现象还普遍存在；对思想政治教育的意义和机制认识不清、把握不准、理解不透，甚至怀疑不止的还大有人在。在这种情况下，有相当一部分学生把对思想政治理论的学习当成负担。在这样的氛围中，思想政治教育教学的实效性是难以生成的。

（三）思想政治教育教学在学生素质培养中的功能尚未充分彰显

思想政治教育教学在提高学生政治理论水平方面的作用是非常明显的。多数学生认为他们在接受思想政治教育教学后，自身的政治理论素质明显提高了，很多大学生明确地意识到自己政治理论素质提高的表现就是更容易认同和理解党的路线、方针和政策。他们表示"更能够从现实角度出发来分析和解决问题，解决问题的思路更加开阔，方法更加多样"，在看问题的立场、观点和方法上更加注意切合中国的现实条件。然而也有部分学生表示，在学习了思想政治理论后，自己在素质方面没什么变化，甚至依然觉得思想政治教育是"假、大、空"，如果这些大学生回答问题的态度是理性的，那么这个"表示"所反映出来的问题是不能忽略的，甚至是严重的，这同我们对思想政治教育教学的素质培养教育力理解不全面有关。在思想政治教育教学实践中应进一步深化理解其对学生素质培养所具有的功能和作用。

（四）受教育者对思想政治教育教学的地位和作用认识不到位

从以上论述我们可以看出，思想政治理论教育教学在大学生素质培养中具有重要的作用。学生是否认同和理解思想政治理论教育教学的地位和作用呢？从课后教师所做的调查和反馈结果来看，首先，大部分学生还是充分肯定思想政治理论教育教学育人价值的，有 73.1% 的学生认为它"很重要"，74.4% 以上的学生认为其课程"很有必要上"，11.5% 的学生认为"有必要上"，但是同时 9% 的学生认为"没有必要上"，5.1% 的学生表示"没考虑过这些问题"。这也说明了一个问题，有一部分大学生对思想政治理论教育教学在大学生素质教育中的地位和必要性还存在认识含混的问题，从而直接影响了思想政治教育教学实效性的形成。

（五）思想政治教育教学对学生思想道德素质培养的实际效果还不明显

学生对思想政治教育教学效果的评价最能直接反映思想政治教育教学对其成长成才的意义。在对思想政治教育教学在提高自身思想道德素质方面的效果评价中，认为"效果十分明显"或"效果明显"的学生合计占到了调查对象的 80% 以上，认为"有效果，但不太明显"和"没有效果"的学生占到了 19.2%。显然，思想政治教育教学的总体效果是为学生所肯定的，积极面是主要的。但是，尽管肯定了思想政治教育教学的效果，但态度是勉强的。因为，认为"效果不明显"及"没有效果"的比例仍占到了近 20%。也就是说，继续并进一步增强思想政治教育教学的针对性和实效性，提高其吸引力和感染力，是提高思想政治教育教学力的重要目标，也是提高思想政治教育教学对学生素质培养教育力的关键所在。

二、教育教学实效性的形成和影响因素

思想政治教育教学实效性体现在教育取向和社会取向两个方面，从这个意义来说，思想政治教育教学实效性的形成也受到教育因素和社会因素的双重影响。无论是教育因素还是社会因素，都是多方面的，在此仅考察那些比

较直接的影响因素。

（一）教育对象的变化直接影响思想政治教育教学实效性的生成

要躬行"以人为本"的教育理念，就要确立学生在"教—学"活动中的主体地位。如今，在校和即将走进大学的青年，是一群伴随着市场经济发展和我国社会生活广泛而深刻变化成长起来的一代，是一群在开放条件下懂得运用网络信息交流来参与社会活动的一代，是将在实现现代化、中华民族复兴伟业中承担主力军作用的一代。"风物长宜放眼量"，对他们要全心爱护，而不要随意指责；在教育教学中要饱含深情，而不要理论说教；在对他们的希望与预期上，要殷切适当，而不要焦虑偏激。当前，由于我们对大学生这个教育对象的认识还不够准确和全面，因此对思想政治教育教学实效性的追求显得有些无的放矢。

（二）思想政治教育教学实效性受教育者素质的影响

教师方面的问题也是思想政治教育教学中的主要问题。所谓"亲其师，信其道"，思想政治教育教学要求教师对理论知识的讲授不仅要正确，而且要生动、有趣、富有感染力；教师讲课不仅要有广度、深度，还要有温度，善于在课堂上调动学生的参与性和积极性。当前，思想政治教育教学教师并不是都能满足这些要求，从而影响了思想政治教育教学的实效性。

（三）思想政治教育与专业教育互动不足降低了思想政治教育教学的实效性

思想政治教育教学的素质教育离不开大学教育的总体过程。在调查中，认为思想政治教育教学同整个大学阶段的受教育过程是紧密相关、相互促进的学生占到了调查对象的31.3%；认为二者相互冲突和干扰的仅为10.3%；其余的学生或者认为不清楚，或者表示不知道。实际上，出现这样的结果并不奇怪，因为思想政治教育教学的学习不同于专业课或技能课的学习，要求思想政治教育教学起到立竿见影的效果是不科学的，是不符合教育教学规律的。如对医学、经济学等课程所涉及的原理及其意义的理解是受教育者在有了相当的社会积累和理论知识储备后才会有深刻体会的。但多数学生不能肯定思想政治教育教学同专业教育过程之间是否存在着有机联系，这反映了思想政治教育教学同专业教育之间还缺乏真正的互动关系。在专业学习压力加大的情况下，学生对思想政治教育教学的学习就可能没有思想和行动上的真正保证。他们把直接针对素质培养而设计的思想政治教育教学课程看作可有可无的东西。

（四）教育教学内容的滞后限制了思想政治教育教学实效性的体现

教育发展的客观规律要求思想政治理论教育内容必须随着当代社会生活的变化发展而不断发展和更新。作为教育学生观察和理解社会人生的课程，思想政治理论教育教学教材内容必须及时更新。思想政治理论教育教学内容不能适时更新是影响学生听课兴趣的重要原因之一。学生认为"内容过时，跟不上时代的要求"是思想政治理论教育教学中存在的一个主要问题。在具体的教学活动中，尽管教师的教学内容与时俱进，但青年学生有着追求新事物、渴望了解新知识的心理特征，如果缺乏及时引导他们这种追求的内容载体和过程形式，就难以保证思想政治理论教育教学的内容被学生吸收，当然在学生素质教育力的增强上就失去了基础。

（五）讲授模式和方法的落后弱化了思想政治教育教学实效性的体现

传统的思想政治理论教育教学方式往往只采用课堂教学宣讲的形式，一支粉笔、一块黑板、一本教材、一张嘴就可以讲上数个小时，这种"填鸭式灌输"的方法抽象、单调，师生之间互动较差。我们从调查中看到，教学方式方面的原因始终是影响思想政治理论教育教学素质教育力的前置因素。有超过半数的学生认为仅使用课堂宣讲的方式和"没有把课堂教学与学生的课外实践相结合"是教学手段与方式方法中存在的两大主要问题。另外，认为"老师只顾自己讲，不善于调动学生参与教学过程"的学生占了调查对象的三成多。作为思想理论课范畴的思想政治理论教育，必要的理论灌输是不可或缺的，但如何灌输却是大有讲究的。目前的教授模式还大多采用单向灌输的方式，缺乏应有的互动。这是难以使思想政治理论教育教学的素质教育功能发挥出来的原因之一，这种方式根本上有悖于思想政治理论教育教学的素质教育性质。

（六）思想政治教育教学的实效性还受到了课堂教学规模的影响

全面地看，高校扩招极大地推动了我国高等教育改革和发展的进程。但高等教育在"享用"扩招机遇谋求发展的同时，面临着一系列的新挑战，思想政治理论教育在对学生素质培养方面的挑战尤为严峻。高校扩招势必会加大高校基础设施等硬件建设的压力，由于种种原因，思想政治理论教育教学课堂规模本来就一直不小，而扩招更使其课堂规模膨胀。在二三百人的大课堂上，要做到因材施教、寓教于乐，调动学生的积极性和主动性，确实不是一件容易的事。学生上专业课时用的是小教室，教师和学生的距离近，互相交流的机会多，课堂气氛容易调动，课堂秩序可以适时控制，课堂教学过程的效果容易及时、全面地得到检验。而思想政治理论教育教学的"大课"教学课堂显然不具备这些优点，老师和学生的"模糊度"高，学生不了解老师，老师不认识学生；老师和学生的课堂交流困难，课堂互动不佳；课堂效果得不到实时监测和调控。从整个调查情况和学生对课堂规模的"要求"上可以看出，思想政治理论教育教学课堂与教育教学效果之间有着极强的关联。从这个意义上讲，当前思想政治理论教育教学课堂人数规模过大是其素质教育力难以提升的一个重要因素。

三、教育教学实效性形成和体现的社会性因素

思想政治教育教学作为直接引导学生运用马克思主义立场、观点和方法来正确分析现实问题的教育内容，其根本作用在于有针对性地回答重大的时代课题、重大的现实问题，尤其是与学生所联系的政治社会问题、社会生活问题、社会热点难点问题。由于思想政治教育教学实效性还有社会取向上的价值和意义，因此，经济社会的任何变化都可能对思想政治教育教学实效性内涵的认知及其生成产生影响。

（一）我国经济社会的深刻变化影响了思想政治教育教学实效性的生成

由于我国实行改革开放和发展社会主义市场经济，我国的社会经济成分、

组织形式、就业方式、利益关系和分配方式日益多样化。面对经济体制的深刻变革、社会结构的深刻变动、利益格局的深刻调整、思想观念的深刻变化，思想政治教育遇到了严峻的挑战。归根结底，我国的阶层关系和利益关系发生了深刻变化，这些变化导致人们思想观念的独立性、选择性、差异性和多变性日益增强。思想观念的变化与利益关系和利益格局的调整直接对思想政治教育的地位、价值和作用产生了重大影响。这些影响表现在思想政治教育教学实效性的各方面，社会生活的变化也反映到受教育者的思想中来。反观思想政治教育教学的实际情况，面对置身社会生活的广大学子，它在联系社会生活的变化进行讲解和说明上还存在不正确、不科学、不到位、不恰当等方面的问题，甚至让学生产生脱离实际的感觉，形成学习思想政治理论的逆反心理。这样，思想政治教育教学实效性就大受折损。

（二）贫富差距的拉大降低了思想政治理论教育教学的说服力

在当前，贫富分化导致利益分化是一个不争的事实，在这种分化面前，由于实行改革开放和发展社会主义市场经济，人们的经济社会生活发生了显著的变化。人们思想观念的独立性、选择性、多变性和差异性明显增强，思想政治教育的难度增大。当利益出现明显分化，在现实社会中表现为贫富差距拉大之时，利益关系和利益活动就具有了明显分化的特点。这时，一般认为，市场取向的历史性改革启动以来，利益多样化的演变成为社会生活的普遍事实。由于贫富差距的拉大、利益的分化，思想政治教育遇到了前所未有的"利益挑战"。在利益分化和阶层分化的背景下，思想政治教育在社会共识的形成和共同价值观的建构上遇到了前所未有的难题。因为这样，思想政治理论教育的说服力极大地减弱了。

（三）社会生活的功利化倾向一定程度地弱化了思想政治教育教学的实效性

在发展社会主义市场经济的过程中，人们的思想观念和价值追求越来越具有功利色彩，其集中表现就是人们的个体意识和利益意识变得日趋强烈，利益的分化和阶层的分化进一步凸显了社会关系的功利化倾向。经济社会的多样化发展给处于成长成才阶段的大学生带来了深刻影响。在就业压力不断加大的今天，大学生的职业定位明显表现出追随市场的特点，他们的专业选择及学习动机受将来就业要求所左右。从其内容和特点来看，思想政治理论教育对学生短期就业的"作用"是不如专业知识课程明显的，思想政治理论教育教学是引导大学生树立正确的理想信念，确立科学的世界观、人生观和价值观的重要课程，在本质上不具有功利性的色彩，它甚至被要求以一种相对超然的姿态来看待和审视社会生活的变化。如果思想政治教育教学的转型跟不上社会的转型，迟滞于社会转型，就导致思想政治教育教学的素质教育力得不到应有的展现。

（四）思想政治教育实效性教学遇到了价值选择迷茫和价值导向的挑战

在肯定个人利益合理性和合法性的同时，对经济利益最大化的追求成为社会个体和社会群体世俗生活的主要目的，社会大众表现出鲜明的"功利主义"的价值倾向。价值的多元化选择和功利至上性说明，很难有一种观念可以成为持有不同价值观念的社会成员共同认同并遵守的价值准则；同时任何一种价值观念的形成无不与社会成员追求个人利益最大化的价值观念相联系。从功能定位看，当前的思想政治教育其功能定位为意识形态化的政治工具，在价值观念一致性的基础上，用以统一思想和政治动员，致力于保证社会成员的个人利益全面服从组织利益。这些问题说明思想政治教育面临重建社会成员价值观念体系和价值导向正确把握的重任。

从思想政治理论教育教学与人文素质教育教学的相互关系，以及文化背景、素质体系、教育教学实效性的要求来看，没有系统深厚的人文教育背景，思想政治教育教学的实效性就失去了文化依托，就会流于空洞的、政治的或道德的说教。从素质教育的体系要求和整体性特征看，实现思想政治素质教育同人文素质教育的结合，不仅是对当代大学生进行素质教育的内在要求，也是对思想政治教育研究领域和方法的拓展，更是丰富思想政治教育内容和形式的现实选择。

第二章 高校思想政治教育
实效性的人文观察

第一节 思想政治教育属性和功能的人文内涵

一、"育人"功能简述

思想政治教育的核心任务是对人的培养，而人文素质教育的本质也在于对人本身的培养，从这个意义来说，思想政治教育本身就是一种人文素质教育。因此，探究思想政治教育必须去研究思想政治教育与人文素质教育的结合问题。我们在对高校思想政治理论教育教学的长期实证探索和经验的总结中，越来越意识到思想政治教育与人文素质教育关系的密切性，也越来越感受到思想政治教育人文背景探究的必要性和重要性。也就是说，我们必须把思想政治理论教育问题置于一定的文化背景下来思考，把思想政治教育同人文素质教育的结合纳入人的发展这一总体范畴中来设计。这样的设计，理由有三：一是思想政治理论教育和人文素质教育都是素质教育的基本组成部分，其目的都是实现预期素质水平的提高；二是比较各国的思想政治教育传统，任何思想政治教育都离不开一定的文化环境，恰恰相反，成功的思想政治教育总是体现了特定的文化内涵，承载着明显的历史文化因素；三是思想政治教育同人文素质教育的结合，不仅是我国思想政治教育的一种传统，在当前的"课改"背景下，也是探索思想政治教育教学实效性提升的一种新视野、新途径、新方法。

思想政治教育的人文考察，离不开对思想政治教育育人功能的考察。人们常常把教育的功能简略概括为"教书育人"，但"教书"和"育人"合为一体的"教育"在处理教书与育人的关系时，育人功能却始终是基础性的，关于这一点，在我国古代就几乎是一以贯之的。"教"是提高人的觉悟、使人明白道理的意思，或者说"教"的本义就是育人。

从某种意义上来说，所有的教育行为无不承担着育人功能。正如中共中央《关于加强和改进新形势下高校思想政治工作的意见》所指出的那样，高等学校各门课程都具有育人功能，所有教师都负有育人职责。作为以塑造人的内心灵魂和规范人的外在行为为教育内容的思想政治教育同样具有育人功能。思想政治教育是人类社会实践活动之一。一切国家的统治阶级为了维护其统治地位，总是坚持用自己的意志去培育人，运用各种手段宣传各种有利于加强其统治的观点、理念，以期使教育对象认同其政治思想。所以，思想政治教育不仅中国有，外国也有，各个历史阶段的不同国家都有。从各国思想政治教育及其不同历史阶段的思想政治教育的理论与实践来看，思想政治教育具有重要的功能，这些功能归纳起来主要是两个方面：一是统治的方面，二是教化的方面。就前者来说，可以表达为宣传政策、凝聚民意、维护统治、化解矛盾、稳定社会；后者可以表达为培养社会所期望的人，把受教育者培养成社会所需要的建设者和接班人。就思想政治教育的功能来说，发挥第一个方面的作用离不开对人的教化，而第二个方面本身就是对人的培养。

在当代中国，思想政治教育承担着培养有理想、有道德、有文化、有纪律的社会主义"四有"新人的重要功能。毫无疑问，"四有"各自具有特定的内涵，反映着社会主义新人培养的各个侧面，明确了社会主义合格建设者和可靠接班人的培养目标。这是关于我国当前思想政治教育的根本任务，即对人本身的培养。

从思想政治教育的"育人"功能来看，思想政治教育离不开特定的政治社会生活，当然，思想政治教育也离不开特定的文化环境。因此，任何民族、国家的思想政治教育不仅具有鲜明的政治倾向，而且具有鲜明的文化特色。"培养什么样的人，如何培养人"不仅深受政治因素的影响，而且打上了民族文化及其历史传统的深深烙印。可以说思想政治教育"观乎人文"，践行思想政治教育是以"化成天下"为目的的。因此，思想政治教育既立基于特定的人文背景，又造就着预期的人文环境和政治社会环境。

二、实践的人文视域与发现

作为一种教育活动，思想政治教育不仅发生于一定的政治社会生活，而且也是文化教育的一个重要内容。因此，思想政治素质的提高也是受教育者人文素质提高的重要组成部分。思想政治教育离不开一定的人文背景，这从思想政治教育与文化因素的研究中可见一斑。

从对思想政治教育学科建设与研究领域的开拓来看，我们既要旗帜鲜明地强调思想政治教育的意识形态特色，同时也要更加强调思想政治教育的文化品位和文化品质。把传统文化与思想政治教育结合起来进行研究，是对思想政治教育学科的重大贡献。在思想政治教育学科的发展中，对传统文化进行思想政治教育的解读，抑或称为思想政治教育的文化底蕴研究已经不再是一个偶然的发现，而是思想政治教育发展与进取的必然所在。传统的力量是强大的，它不仅塑造了今日社会发展的文化逻辑，也铺设了思想政治教育的文化轨道。对传统文化精神和内容进行思想政治教育的解读，或者说在传统文化中寻找思想政治教育或人文素质教育的资源是今天推进思想政治教育研究的一个重要趋势。把"思想政治教育"放在"文化视野"中来探讨的操作：一是揭示了不同文化类型（诸如先进文化、传统文化、政治文化、艺术文化等）与思想政治教育的相互关系；二是揭示了不同文化视野中思想政治教育的特定表现形式及其规律；三是说明吸纳一定的文化成果，对于扩展和丰富思想政治教育理论的重要性和必要性。印证了思想政治教育的文化视野是十分宽阔的。

从"育人"与"化人"的角度看，思想政治教育同文化有着不可分割的内在联系：首先，一定的社会思想政治教育理论、内容以及人们所能达到的思想政治素质是该社会文化的重要组成部分，思想政治素质的提高必然同文化素质的提高密切相关；其次，一定的环境又为思想政治教育的发展创造了条件，离开了特定的文化环境，思想政治教育就失去了最主要的载体及特定支撑。

以上初步梳理和简论说明，思想政治教育与文化关系问题的研究不仅在学理上得到了足够的科学证明，而且为当代社会教育发展实践所证实。姑且不去谈论全球化发展背景与塑造现代民族文化体系任务对思想政治教育的影响，仅从育人与文化社会的塑造和政治社会生活的文化特色与人文内涵来看，思想政治教育在不同的政治制度与特定的政治生态中所具有的一般功能必然受到文化因素的影响。从思想政治教育学科的发展来看，目前思想政治教育与文化之关系的探讨不仅成为一个重要研究领域，而且已成为思想政治教育学的一个前沿问题。这说明，在探索思想政治教育教学实效性和针对性的问题上，也必须深入理解人文教育与思想政治教育的关系，探索思想政治教育与人文素质教育的结合问题。

第二节　影响实效性的文化环境分析

如果说大学的宗旨在于弘扬光明正大的品德，使人达到最完善的境界，那么，从这个意义来说，大学的文化品性就在于对人本身的培育，在于对高素质人才的培育。

今天讨论大学的文化之道，从最根本的意义来说，其目的不是去探索另外一个什么形而上学的本真，而在于直面今天大学存在的问题——大学文化之道的失落。如果我们拨开那些形而上学的迷惘，看清大学的文化存在，就容易发现：当代大学存在于全球化竞争环境中，存在于中国快速推进现代化的进程中，存在于中国怀着民族复兴梦想、实施大国崛起战略之际；当代大学还存在于国家经济、政治、文化和社会模式的变革中。在这样的时代和环境中，中国大学的文化之道就是提高中华民族的思想道德素质和科学文化素质，前者可称为人文文化，后者可称为科学文化。所以，大学本身就应具有文化品性。作为今天的大学，其文化之道的要义至少包含了两方面的内容：

一是帮助直接的受教育者——高等教育接受者实现其人文文化素质和科学文化素质的提高；二是代表全民族文化发展的新方向，确立社会发展的文化标准。因此，大学的文化使命必定要超越"象牙塔"的围墙，从而影响整个社会的发展和每个人的发展，这是大学应承担的文化使命。但是，目前中国大学存在着纷纷扰扰的文化乱象，似乎远离了大学的文化之道，从而不足以支撑人全面发展进步的要求。

一、文化乱象对人培养的影响

尽管时下关于文化的定义有二三百种之多，但文化作为一种精神性的存在，其实质只能是映射人们生活方式和现实行为的精神模式。在大学的运作模式和运转过程中，那些支配大学运转的精神性存在，就是大学的文化存在。作为一个有文化的地方，大学的运转应具有文化运转的意味。也就是说，如果大学的运转不是具有文化意义，而是仅仅具有经济意义或政治意义，那么大学就可能失却自身的本真意味，成为一个经济单元或者政治单元的大学，必然丧失了自己的文化自觉能力和文化品性。因此，考察大学实际运转的过程就是在考察大学的精神性存在和文化品位。如果承认任何一所大学的运转都离不开基本的"教—学"体系，都离不开由"教学""科研""育人"等环节和内容构成的过程和模式，都涵盖了"师者"与"学者"的基本要素，那么考察大学的文化品性，就应当考虑到如上关系、过程和因素。当我们从这些方面去求解大学的文化品性和文化使命时，必须正视目前大学运转过程中存在的非文化内容和假文化现象，是这些内容和现象削弱了大学的文化影响能力。

二、文化品性与文化使命中完善大学育人的文化功能

无论关于文化的界定和理解怎样众说纷纭，文化作为后天获得的经验性体验，就是一个特定社会或特定群体所特有的一切行为、观念和态度。作为人类的本质活动的对象化成果，文化显然具有人为的性质。大学文化不仅是

关于大学生活（最基本的是"教—学"生活）的一种反映，而且是社会文化生活的先进代表。如果大学不能在文化上实现自主性的存在和变革，而是以媚俗的取向说明自己存在和发展的合理性及其以功利化的教育目的公开为自己的存在和发展辩护。那么，作为"人们的生活方式"的大学文化似乎只能被动适应外界的变化，而不是主动地引导和促进社会的变革。如果那样，敢问大学精神何在？因此，大学要找回自己的精神，而其精神的找回还必先立足于大学文化品性和文化使命的重塑。

（一）在塑造大学的文化品性中发挥文化育人的功能

大学的品性，主要指的就是大学的文化品性。大学的文化品性从何而来？大师蔡元培先生有言在先，"大学者，研究高深学问者也"。这种高深，并不是高不可攀、深不可测的意思，而是指大学所传授的知识、学问、思想还未在社会生活和人们的精神领域成为常识或确定性认知，需要在更高的水平上进行知识的发现，抑或生产、发明，抑或创造，这些知识、学问、思想本身需要通过深入分析和探究后方能掌握和传授。这是大学的一个重要品性。因为这个品性，高等教育内在地具有两个基本内容或任务："教学"和"科研"。教学是对知识、学问、思想进行创造性传授的过程，而科研本身就是对知识、学问、思想有所发现、有所发明、有所创造、有所发展的过程。从这个意义来说，大学的文化品性在于出新的思想、出真的思想。

大学还有何文化品性？从"育人"这一基本任务看，育人包含对人的思想素质和行为才能的引导与塑造。要特别说明的是，"育人"与"培养人才"的要求是不同的。大学是造就人的地方，如果说文化的实质就是"人化"，那么大学的文化就是造就人的文化。这种文化不仅关注人的外在行为能力，而且更注重人的内心灵魂。如果大学的文化失去了直面人自身内心世界的品性，以专注于对自然界的改造而忽略了对人自身的改造，忽略了对人的心灵、信仰、理想与信念的塑造，我们实难说出大学的文化品性。

（二）在确立大学的文化使命中体现文化育人的功能

大学作为知识创新的重要场所，是科学知识传承与创新的重要源头；大学是文化积累、交流、繁荣的重要阵地，作为文化传承和创新的重要载体，理应成为文化选择与优化并形成民族文化气质的前沿动力，不断开辟文化的先进性方向并引领文化的发展。从这个意义来说，是大学塑造了社会的文化标准，而不是社会的文化标准塑造了大学的文化品性。如果大学对社会文化标准的塑造体现在其对传统与现实、历史与未来、科学与人文、理论与经验、个人与社会之间的关系中，那么，大学的文化使命就是塑造社会的文化标准，这种标准不是外来的也不是借来的，而是在民族文化的胞胎中孕育的。

因此艰巨的使命，大学以其文化作为（而非其他作为）在社会发展和社会文明程度的提高中建设了知识、思想、信念的基础设施，从而也奠定了一个国家现代崛起的基石。可以说，每一个伟大民族或国家的崛起都拜其一流大学崛起之功。这些一流大学对其民族国家的首要贡献在于其确立的文化标杆、文化理念和文化模式，它们对于民族文化传统的形成、维系、承传和变革产生了不可估量的影响。

大学担当确立文化标准的使命，必然要求大学生在观察人生与社会之时，不能仅仅局限于以"现实性的理想"来审视我们周围世界发生的现象。如果大学所培养的"高素质人才"总是以现实生活中的"标准"来度量自己的价值，构建自己的价值观，规定自己的生活意义，那么大学提供给社会的顶多是没有胸怀的所谓社会的"适应者"，而不是推进社会进步的"人"。中国的教育有着很长的历史传统，现代意义的大学却是在向西方学习的过程中产生的。虽然我们借鉴了西方大学的文化标准，但中国的大学必须植根于中国的民族文化、历史和社会中，塑造中华民族复兴与崛起的文化标准，这是当代中国大学所必须承担的文化使命。

第三节 夯实教育教学实效性的人文基础

青年大学生是思想政治教育的主要对象，他们不仅生活于一定文化环境中，而且其本身就是具有相当人文背景的先进人文群体。在大学生日益政治社会化的过程中，思想政治教育对青年大学生的塑造无论具有怎样的政治倾向，都难以离开一定的人文框架和历史传统。高校思想政治教育必须植根于民族的历史与文化传统，把思想政治教育与人文素质教育有机地结合起来，才能有效提高大学生的素质水平。在高校思想政治理论课程改革的背景下，基于思想政治教育教学实效性与针对性的调查研究证实，夯实高校思想政治教育的人文底蕴，是进一步增强大学生思想政治教育实效性的必由之路。

众所周知，我国已拥有世界上规模最大的大学生群体，当代大学生是民族的希望、国家的未来。这一特殊群体的思想状况、道德水平和精神素养不仅直接表征着他们将成长为什么样的人，而且从根本上影响着社会的发展状况。历史和现实的经验一再表明，思想政治素质和道德素质的培育对大学生的成长极其重要。

一、把握大学生思想道德素养和人文素质的现状

什么是思想道德素养？思想道德素养主要是指一个人所持有的世界观、人生观、价值观、政治倾向、理想、道德、情操等方面的素养和品质，它好比人的灵魂，决定人们行动的目的和方向。大学生思想道德素养可以从两个方面来分解：一是思想素质，主要指大学生对辩证方法原理掌握和对辩证思维方法运用的水平，这种掌握和运用体现为一个人的思维方式特点和思维的理性化程度与逻辑性水平。二是道德素质，诸如学生的诚信表现和诚实可靠度、团队精神和合作意识等方面的品性；就学生的人文素质来说，主要指学生的文学、艺术、历史、美学、伦理学等人文科学的知识和素养。以修养和人格魅力为核心的人文素质水平，需要长期的培养和熏陶方能提高。人文素质教育就是对学生进行以人文科学为主要内容的教育，其直接目的在于提高学生的人文涵养和人文素质。

当代大学生的思想道德素养和人文素质水平如何？作为教育者，我们可能做了这样或那样设想。其真实情况究竟如何？通过对大学生的一系列调评我们可以发现以下几点。

（一）历史知识与素养

在课堂传授过程中，教师曾对"中国四大名著是哪几部"问题进行提问，绝大多数大学生是知晓的；在关于历史人物了解情况的提问中，教师选择了"知名度较高"的朱熹进行设问（问题为："朱熹是哪朝人？"），结果只有不到半数的学生答对。在对最基本的历史知识的回答中，文史类学生的历史素养相对是要好于理工类学生的。但总的来说，在对学生掌握历史知识情况的调查中，能够对具体历史知识有"多一些"了解的学生人数不多，情况是不容乐观。上述调查结果表明大学生的历史素养水平所反映的问题值得重视。

（二）思想道德素养

思想道德素养是大学生素养的重要组成部分，在"德育优先"的教育中，当代大学生思想道德素养如何呢？我们对学生的社会帮助意识、奉献精神、诚实守信等方面的情况进行了调查。

一是在承担社会公共义务和提供社会帮助方面，我们选择了"见义勇为观念"进行调查。在对"如果路见不平，您会如何选择？"问题的回答中，绝大多数学生是愿意帮助别人的，但也有不少学生认为此类情况主要应该由社会公共权力部门来管，尤其在许多见义勇为者受到伤害的事实面前，大多数学生选择"报警"，既给予他人以实质性的帮助，又不至于造成更大的伤害，既帮助了别人，又承担了公共义务。在问卷之外的访谈中也印证了这一点。我们认为大学生这种具有共性特征的选择是合乎理性的。

二是在关于奉献行为的调查中，我们选择容易做到的"无偿献血"来进行调查。一次也没参加过无偿献血活动的学生占了 64% 以上，参加过的不到 36%，虽然造成这种结果的原因是多方面的，但是这样的结果还是难以令人满意的。

三是关于团队精神的调查。团队精神是大学生道德品质培育的重要方面。在一个快速变化的时代，在把集体主义观念作为国家意识形态重要组成部分而开展的长期思想政治教育情况下，大学生的团队意识和现实的团队精神又如何呢？几乎所有的大学生都认为团队精神是重要的，而且认为团队精神是"很重要"的；但认为当前关于团队精神的教育是不够的。而从现实感受来看，绝大多数学生对所属集体团队精神的评价总体上持否定态度。这就说明，一方面是团队精神的缺乏，另一方面是我们在团队精神教育方面是十分不够的。

（三）创新素质

创新素质是高素质人才的重要品质。我们的调查围绕学生们对自身创新能力和他人创新能力的评价和创新的表现来展开。目前，大部分高校学生处和教务处都在不断推广各种各样的"挑战杯"系列、创新创业、中医创新等赛事，笔者所在的高校在思想政治课上设置有青春风采展示环节，意在不断激励学生的创新思维和创新意识。但从参与的结果看，除了明确认定自己有过"小发明"抑或"独创性见解"的大学生之外，有近一半的学生认为自己没有什么小发明或独创性的见解。我们得出如下结论：一是大部分被调查者认为大学生缺乏创新能力，具有创新能力的学生是少数；二是大部分被调查者认为自己具有创新能力，认为自己没有创新能力的是少数学生；三是认为自己有创新能力的大部分学生实际上并没有过小发明或者独创性的见解，而认为自己没有小发明或独创性的见解的学生与没有发明创造意识的学生占有绝大多数的比例。

我们认为，在一个极力提倡创新的氛围下，虽然大部分学生认为自己是有创新能力的，但对别人的创新能力认同度不高。另外，在对创新能力本身的理解上也存有一定的偏差。既无发明创造，亦无独立见解，却认为自己具有创新能力，这说明在大部分学生那里，关于创新的实际表现与创新的观念意识存在较大的差距。

在针对大学生人生价值追求的调查上，学生们的选择比较分散，或财富、或权力、或真理、或幸福、或健康、或长寿等。这说明大学生在人生价值追求上有明确的自主性和选择性，并非没有自己的价值选择。虽然这不能说明是价值的多元化，但也表明当代大学生在人生价值追求上有了更多的自我选择性，这与素质教育倡导的个性化教育的要求是一脉相承的，是个性化教育在大学生素质培育上的具体表现。

（四）大学生对自身素质不足的认识

在课上针对大学生对自身素质缺乏认识问题的调查中，学生们看到了自己的不足，对于这方面不足的反映也是具体的。大学生自认为当前所缺乏的主要素质依主次排序为奉献精神、创新素质、团队精神、人文素质、历史知识、思维素质、科学素养，但是最缺乏的素质似乎不是最应该加强的教育。从其最应该加强的教育来说，有超过 65% 的学生认为当前最应该加强的教育是思维科学的教育，其次是创新素质，再依次是历史知识教育、人文教育。从总体来看，大学生关于自己缺乏哪些方面的素质还不是很明确，对这些缺乏的素质，大学生们还没有完全意识到通过教育途径来解决的必要性。从惯常的思维逻辑来看，应该是什么方面的素质缺乏，什么方面的教育就应该加强。从这个意义上来说，如何引导学生认识自身素质状况，引导他们通过受教育的途径来培育这方面的素质是必要的，是应该进行专题性深入研究的。这也是推进思想政治课程改革、提升思想政治理论课程教育教学实效性的现实基础。

二、关注大学生对思想道德素养与人文素质教育等方面的认识和评价

上述关于思想道德素养和人文素质状况的表现学生们对思想道德素养和人文素质的认识及教育接受状况有着密切的关系。因此，全面掌握大学生的思想道德素养和人文素质，就应该掌握他们对思想道德素养和人文素质本身的认识和理解。也就是说，我们应当把握大学生是如何看待思想道德素养和人文素质的（诸如功能和作用、影响和效果等）、如何评价自身思想道德素养和人文素质等方面的内容；同时，我们还应当把握大学生是如何理解和认识自身思想道德素养和人文素质教育的。

（一）大学生对自身思想道德素养和人文素质教育的认识

大学生关于思想道德素养和人文素质的认识表现在以下几方面：一是大

学生对思想道德素养与人文素质基本功能和作用的认识；二是大学生对自身群体思想道德素养和人文素质的一般性认识；三是大学生对自身个体思想道德素养和人文素质的认识。这些认识从不同层面反映出大学生对思想道德素养和人文素质认识和理解，分析这些方面的状况对我们改进和加强大学生的思想道德素养和人文素质教育具有重要的意义。

1. 大学生对思想道德素养和人文素质功能和作用的理解

思想道德素养和人文素质是大学生素质的重要组成部分，在大学生的成长和成熟、成才和成人教育上具有不可或缺的作用。总体上来说，绝大多数学生认为开设思想道德素养和人文素质的课程是必要的。如果说绝大多数学生认为思想道德素养和人文素质的课程是有必要开设的，那么从理论上来说，学生们认识到了这类课程的重要性。这类课程有什么样的重要性呢？我们可以从大学生对这类课程功能的理解的调查中得出结论。

按照中心设想，思想道德素养教育的功能主要体现在其所承担的任务上：一是加强理想信念教育，培养学生树立正确的世界观、人生观和价值观；二是进行爱国主义教育，弘扬和培育大学生的民族精神；三是进行基本道德规范和公民道德教育；四是进行人文素质和科学精神教育、集体主义和团结合作精神教育。这些教育的目的是促进大学生思想道德素养、科学人文素质和健康素质的协调发展。基于这样的设想，我们调查了学生对思想道德素养教育和人文素质教育功能的认识。有高达 80% 的学生认为这类教育发挥了帮助大学生树立科学的世界观、人生观和价值观的作用，其他作用按选中率依次为提高学生的道德水平、规范大学生的社会交往行为、扩展大学生知识面、帮助大学生树立爱国的观念和社会主义的观念、有利于大学生掌握马克思主义的立场和方法。大学生认为思想道德素养教育和人文素质教育具有多方面的作用，而其中最基本的是帮助大学生树立正确的世界观、人生观和价值观，树立正确的世界观、人生观和价值观是思想道德素养和人文素质教育"最重要"的功能。当然，我们也要看到，部分学生对于思想道德素养和人文素质教育在有助于学生树立爱国的观念和社会主义的观念，掌握马克思主义的基本立场、观点和方法方面存在一定的偏见，他们并不认为科学的世界观、人生观和价值观与马克思主义的基本立场、观点和方法之间有必然的内在联系，这十分值得注意。

2.大学生对自己思想道德素养和人文素质的评价

在大学生认识到思想道德素养和人文素质教育具有必要性，承担着多方面功能的同时，他们如何评价自身的思想道德素养和人文素质呢？我们可以看出，肯定自己思想道德素养和人文素质比身边同学或熟悉的人要高的大学生比例较高；而认为自己的思想道德素养和人文素质不如别人的大学生微乎其微。从总体上来看，大多数大学生对自己的思想道德素质和人文素质给予了肯定的评价。这也表明他们认为，对一个大学生来说，思想道德素养和人文素质是非常重要的。

（二）大学生对思想道德素养和人文素质教育的理解

从目前高校的课程体系设计来看，其大概包括公共基础课程（公共英语课程、公共政治课程、体育课程）、专业基础课程、专业课程、选修课程等。那么，大学生是否了解学校开设的这类课程呢？以思想道德素养课程和人文素质课程为例，在回答"您是否了解学校所开设的思想道德素养和人文素质方面的课程"的提问时，绝大多数学生表示实际上对思想道德素养和人文素质教育的课程不是很清楚。在西方，这类课程往往称为"通识课程"。在课外的了解中，大学生对资本主义国家是否存在类似思想政治教育类的课程存在质疑，这一点我们应给学生们讲清楚。

如前所述，从各国的情况来看，无论是日本的"理想的人"的教育还是英美的"好公民"的教育；无论是法国的"有教养的人"的教育，还是新加坡的"新加坡人"的教育，抑或是韩国的具有强烈爱国主义和集团意识的"韩国人"的教育，所有国家对思想政治教育在培养适应统治阶级所需要的人这个目的上都十分明确。各国在进行社会所期望的人的培育中，在高等教育层面都是通过一定的课程来实现的。

（三）对提升大学生思想道德素养和人文素质途径的调查

对"您通过什么途径来提高自己的思想道德素养和人文素质"这一问题进行调查，结果显示，对于"象牙塔"内的大学生来说，提升自己思想道德素养和人文素质的途径还主要是学习性质的、理论性质的，能够意识到思想道德素养主要应在生活实践中获得的是少数学生。总的来说，今天提高大学生思想道德素养和人文素质的途径是多种多样的，从读书、听讲座到专门性必修课程的学习，从选修课程的学习到现代传媒的使用等。从个人修养的获得来说，圣人们关于"博学之、审问之、慎思之、明辨之、笃行之"的教诲似乎把习得素质的途径和方法讲得很透彻了。在今天，我们可以看到，人们这方面的修养也还主要是通过自身的学习来实现的，无论是读书看报还是听讲座，无论是专门课程的学习还是借助电视和网络等现代传播工具，思想道德素养教育也好，人文素质教育也好，都主要是个人进行自身人格塑造的内容，是在社会交往和社会生活中养成的。但是大多数学生除了"博学之"外，似乎没有看到"笃行之"的重要性和必要性，甚至未意识到这个问题。

我们应当肯定学校开设的思想道德素养和人文素质教育的课程对于提升学生的素质教育水平起到了不可或缺的作用；但是我们也应当承认，对这类课程的内容体系设置和教育教学形式设计还应当进行认真的考量。从目前来看，我们还没有把握思想道德素养和人文素质教育之间的内在联系，把思想道德素养和思想政治教育类的课程同学校的人文社科课程对立起来的想法并不只是在学生中盛行，在许多老师看来，思想道德方面的课程似乎只有说教的成分，而人文素质教育的课程才是真正的素质教育。从这个角度来说，这种想法不仅贬低了思想道德素养和人文素质教育的"素质教育功能"，而且使素质教育教学资源流失，同时，还把思想道德素养和人文素质教育对立了起来。我们之所以把思想道德素养和人文素质教育纳入人文素质教育的范畴中来进行统一调查，就是在潜意识里存有一种纠偏的主观能动性。

三、拓展思想政治教育与人文素质教育的结合路径

从教学过程中，我们始终在思考这样一个问题：思想道德教育和人文素质教育的关系是什么呢？从我们的古老传统来说，"育人"的教育传统在儒家思想大一统历史的演进中得到了传承和发扬。今天，从育人的角度来看，无论是思想道德教育，还是人文素质教育，归根结底都是关于人本身素质的培

育。从一般意义上来说，人们的素质养成是多方面教育内容熏陶的结果，但作为个体的素质，却具有整体性。也就是说，一个人所具有的素质往往是不可以随便分割的。因此，我们认为，提升思想道德素养和人文素质就是提升一个人的整体素质，促进思想道德素养和人文素质的发展就是促进一个人素质的全面发展。我们完全可以从这个立场，而且也应该从这个立场来探索进一步加强和改进大学生思想道德素养和人文素质教育的结合与整合问题。

第一，在教育内容体系和教育活动过程中，把思想道德素养教育和人文素质教育二者纳入素质教育内容体系来统一设计。

通过进一步研究发现，把二者纳入高校素质教育的内容体系中来整合是具有现实性的。在关于"学校在思想道德素养和人文素质教育中最应该加强哪些方面教育"的回答中，我们看到，大学生认为学校最应该加强的教育排在首位的是思维科学教育，其次是中国传统人文教育、历史教育、思想政治理论教育和外国文化教育，当然还有的学生提到了生活问题教育等"其他方面的教育"。审视调查结果，我们应看到学生是完全可以在"同一个话题"下来谈论思维素质教育、人文素质教育、科学素质教育和思想道德素养教育的。从某种意义上来说，学生在回答问题方面不经意中暴露出来的前后矛盾的思维逻辑问题表明，加强思维科学教育的确是一个重要的自觉发现。实际上，在素质教育的范畴内，无论是什么方面的教育都离不开思维能力的训练。同样，无论什么样的思想政治理论教育都离不开一定的人文传统；不管什么样的人文教育，总包含着对人本身思想道德素养的教育。因此，在素质教育内容体系的设计中，应该强化素质教育的整体性和一体性特质，不要在现实性上制造"不足的人文"和"多余的政治"这样的问题。高等教育培养的是高素质人才，是国家未来不同领域和不同层次的战略决策者和执行者，只有在素质上全面的人，才能胜任这样的重任。

第二，在专业课程教育中全面渗透思想道德素养教育和人文素质教育。

目前大学专业课程的教学占据了学生的大部分时间，一般在 70% 以上，专业知识是学生今后在社会上安身立命的重要支柱，可以理解。所以具体落实"所有课程育人"的要求，需在学生的专业课程中贯穿和渗透思想道德素养与人文素质教育的精神，把课程思政抓起来，思想道德素养教育和人文素质教育就可收到事半功倍的效果。从"教书育人"的传统来说，如果教师只会"教书"，而不会"育人"，那么教育的功能就大打折扣了。因此，不仅是人文社科类的课程具有思想道德和人文素质教育的功能，自然科学类的课程也同样有这方面的教育功能。

事实上，我们的传统人文教育现在已经被大大地弱化了，当前教育体制对人才的培养过于狭隘已经是一个不争的事实。我们开了不少专业课程，这些课程就是要把人才培养成某方面的专家，把受教育者培养成"能工巧匠"是必要的，但社会的发展不仅仅是需要能工巧匠的，我们更需要全面发展的人。实践证明，即便是能工巧匠，如果没有思想道德素质和人文素质的武装，这样的能工巧匠对社会发展的作为和贡献也是令人怀疑的。无论是从高校思想政治教育体现在大学生社会化、全面发展和精神家园构建等方面的个体价值看，还是体现在政治的、经济的、文化的社会价值看，专业课程教育都是无法替代的。

从当前的教育目标和内容来看，主要存在着"三过"问题：人文陶冶过弱、专业教育过窄、功利导向过重。如前述调查中反映的情况那样，大学生的人文精神、科学素养和创造能力都受到了不同程度的削弱。我们不是不要专业教育，解决这种问题的现实做法是把思想道德素养教育和人文素质教育的内容有机地纳入专业课程教育中。据调查，大学生们现在还没有自觉意识到思想道德素养教育和人文素质教育是可以从必修课程和讲座等之外的教育形式和教育内容中获得的，原因是教育者并没有在专业教育中有意识地去进行这方面的引导。有些教师可能会担心，这样的引导会不会削弱专业教育呢？这样的担心在没有进行这样的尝试之前是没有必要的。思想道德素养教育和人文素质教育在专业教育中的渗透不仅不会冲击专业教育，相反，关于世界观、人生观和价值观的合理渗透对专业课的学习是有利的。在思维培育和创造力培养上，人文素质具有重要的导向功能。比如那些为人类历史发展作出过卓越贡献的伟大科学家们，如居里夫人、爱迪生、李四光、竺可桢、华罗庚、钱学森、钱伟长等，他们对人类的贡献，不仅在科学本身，还在于他们伟大的精神力量和可贵品格。

从专业教育与人文教育的关系来说，它们原本是一个内容体系，分科教育是近代科学技术进步和经济社会发展要求在高等教育领域的反映。因此，从某种意义上来说，并不存在专业教育和人文教育能不能统一的问题。实际上，在具体的教学实践环节中，我们深刻地感受到受教育者的认知、态度、情感和意志在学习过程中的重要作用。如果大学生没有认清学习的目的和意义，没有意识到这种学习的重要性，也没有思考过关于专业学习与自身成长之间、学习与人生之间关系的问题，我们认为，这样的专业学习对于其个人的意义和对社会的作用都是令人质疑的。这是关于专业学习价值层面的思考。就思维层面来说，专业课程的学习本身就有着独特的专业研究领域，在专业的范围内，关于这门学科的具体的观点和方法及关于这门学科的思维品格和逻辑形式，本身就是培养和锻炼大学生思维能力的良好素材，如果教育者有意识地着眼于这方面的引导，那么引导本身就是对学生进行了思想素质和人文素质的教育。

在处理强化专业教育趋势与培养全面素质人才要求之间关系的问题上，把专业教育同思想道德素养和人文素质教育结合起来是基本的途径。在广泛的专业教育中渗透特定的素质教育内容和精神，不仅是在教育过程中对教育资源的深度开发，而且使思想道德素养教育和人文素质教育潜移默化地渗透到专业教育中，学生不仅学习了专业知识，而且在对专业知识的学习中学会了成长成才、成人成事，真可谓"寓素质教育于专业教育"也。

第三，准确把握学校教育在思想道德素养教育和人文素质教育中的作用，建构新型的"教—学"关系。

无数实践证明，离开社会教育和社会实践，学校教育在思想道德素养教育中的作用并非相当重要，更不是不可或缺的。学校教育与社会教育相结合在当前是十分迫切和必要的。学校教育在思想道德素养教育和人文教育中的作用不能独立发挥，必须与社会教育相结合。

从思想道德素养教育功能的定位看，首先就是引导和帮助学生树立正确的世界观、人生观和价值观。但正确的世界观、人生观和价值观是要经过长期的社会生活实践才能形成的，是要在真、善、美与假、恶、丑的斗争中才能牢固树立起来的。把这样复杂而繁重的任务完全交给思想道德素养教育和人文素质教育去完成是不现实的。素质教育不是包医百病的灵丹妙药，必须破除在学生"三观"培养方面"成也素质教育、败也素质教育"的错误认识。实践表明，思想道德教育是对受教育者直接进行思想教育和行为规范的，它的基本功能是"劝善"，其重要性是要在社会实践中才能感受得到的。

就教育本身的立场来说，面对现实社会，学校教育是不是在适应实践教育的要求方面就无所作为呢？当然不是。

首先，思想道德素养教育和人文素质教育的实效性体现在培养学生对实际问题的理论思考能力上。引导学生分析现实问题是体现思想道德素养教育实效性的表现。学生在受到思想道德素养教育和人文素质教育后，能否实事求是地分析现实问题，即能否合乎规律地分析具体的现实问题也是检验这类教育实效性的重要指标之一。引导学生分析现实问题是思想道德素养教育和人文素质教育培养学生理论思考能力的基本取向。在反馈中我们了解到，教师没有注重引导学生分析研究现实问题，没有引导学生回答他们在许多重大现实问题上的思想疑虑与困惑，致使他们在面对现实问题时不能进行科学的分析，对一些现实问题的看法偏激，带有较浓的情绪化倾向。实际上，大多数教师并不是没有引导学生分析现实问题，而是由于使用事实材料的翔实性和准确性不够，或者联系实际授课的目的性和方向性不明，或者对现实问题的分析不够深入等，使思想道德素养教育在对学生进行"现实问题"的教育上不能真正发挥培养学生理论思考能力的作用。一些教师把对学生进行现实问题的教育简单化为举几个实例的层次，等同于对几个现实问题材料的介绍，这些都大大降低了思想道德素养教育和人文素质教育在引导学生分析现实问题上所具有的实效性价值。

其次，思想道德素养教育和人文素质教育的实效性应体现在培养学生对理论知识的实践运用能力上。为了使学生把知识外化为实践活动，思想道德素养教育和人文素质教育不仅可以培养学生的能力素质，还可以培养学生对理论知识进行实践运用的能力，这种能力的培养显然超越了技术、技能的培训。思想道德教育和人文素质教育的实效性具有潜在的长期影响力，只是这种影响力要到学生在实践中真正运用理论知识的时候才会凸显出来。因此，我们要把学校教育和社会教育结合起来，把实践内容引入思想道德素养教育和人文素质教育之中来。

从以上分析可以看出，注重现实问题的教育是重新建构素质教育的基本途径，在素质教育中，引导学生分析、思考和解决现实问题是实现学校教育同社会教育相结合的重要办法和措施。

在实际教学中，我们了解到，不利于思想道德素养教育和人文素质教育的因素主要包括：一是学生认为这些方面的教育与他们将来就业没有什么关系，对就业的意义不大；二是在学习方面没有兴趣，不明确思想道德素养教育和人文素质教育的意义，这使其教育效果大打折扣。

结果表明，就业因素是当前影响学生学习动机的重要因素，近半数的学生实际上认为，能不能对就业起到实质性的推动作用是学生选择学习内容的一个基本量度。学生的就业能力与其素质水平之间有着重要的内在关联，一个思想道德素养和人文素质不好的学生，其就业机会也是很有限的。调动学生的学习兴趣是增强思想道德素养教育和人文素质教育实效性的基本要求。

因此，我们应当以社会对人才的需要为基础，围绕着"学生需要什么"，而不是"我们能够提供什么"来设计教育教学内容，构建新的"教—学"关系，即以学生为中心，把社会实践内容引入思想道德素养教育和人文素质教育的全过程中来。从调查的情况来看，教育内容脱离需要和教育方式方法单一是影响思想道德素养教育和人文素质教育效果的主要不利因素。

从"教"的方面来说，必须改变传统的教育教学模式，不仅要注重对思想道德素养教育和人文素质教育内容的更新，而且必须与时俱进地更新思想道德教育和人文教育的手段和方法。在快速变化的社会中，教师也要不断提高自身的思想道德素养和人文素质，须知：身教重于言教。在学生和"学"的方面发生显著变化的情况下，教师和"教"的方面也应该发生显著的变化，这样的变化在实践基础上的统一，将使新的"教—学"关系的构建成为必然的选择。

第四，通过高素质教师队伍的建设，把专门课程教学与专题讲座结合起来。

思想道德教育和人文素质教育涉及方方面面，学校应采取什么措施来促进思想道德素养教育和人文素质教育呢？从目前的情况来看，我们主要采取的是以下三种形式：一是专门的必修课程，二是素质选修课程，三是专门性的讲座。进行素质教育讲座是广受学生欢迎的形式，多开一些不同内容的素质选修课程也是加强思想道德素养和人文素质教育的重要形式。大学生们对把思想道德素养和人文素质教育的内容纳入必修课程来开设的支持力度不大，这同必修课程缺乏自主选择性是有关系的。

思想道德素质和人文素质的教育形式是多种多样的，课程的设置和课堂教学在某种意义上是必要的，但这种课程的设置并不就是必修课程的设置。而能不能开办以及如何开办高质量的讲座似乎是当前应当集中思考的问题。高校除了已经开设的一些学术论坛或人文论坛外，还可以开设思想道德教育方面的论坛或讲座。

不管进行什么形式的思想道德素养和人文素质教育，教师素质始终是个关键的问题。建设一支高素质的专兼结合的队伍，利用这支队伍把课程教学和课外讲座结合起来是当前加强和改进思想道德素养和人文素质教育的现实途径。除了利用进行课堂教学的专门教师队伍外，高校还应充分利用其他的宝贵资源。教师联系自己的专业特长和研究领域，结合学习、做人等方面的内容，通过自己的阅历和奋斗经历，向学生们进行以理想与价值、人生与道德、个人与集体、历史与未来、科技与人文等方面内容为主题的讲座。另外，对思想道德素养和人文素质的专门性课程教学，也要采用专题化的讲授模式，可以在同一课程中，由不同的教师就不同的内容采取专题化的设计，形成一个个以专题内容为特色的具有教育体系特征的系列讲座。

从基本现象看，高校的思想道德素养和人文素质教育情况总体上是应当肯定的，但任何时候谈论其针对性和实效性都具有当下意义。在新的条件下，思想道德教育和人文教育在内容和形式、手段和方法的变革上，在课程设置和专业设计上，还有许多经验需要总结，还有许多潜力需要挖掘，还有许多模式可以探索。我们相信，为适应社会需要和社会对人才的需求，我们通过对教育内容和形式的必要变革，以学生素质培养和成才成人为中心来进行思想道德素养和人文素质教育的创新，必将进一步加强和改进大学生的思想道德素养教育和人文教育，不断提高大学生的思想政治和人文素质水平。

第三章　高校思想政治教育机制创新

第一节　高校思想政治教育机制的概述

一、高校思想政治教育机制的基本内涵及特征

高校思想政治教育机制创新的基础是对思想政治教育机制概念的科学界定，它为本书的论述提供最基本的理论支点和范围，且清晰地指出论述过程中所包含的主要内容。因此，我们必须首先辨析相关概念，明确高校思想政治教育机制的定义、要素和特征。

（一）高校思想政治教育机制的基本内涵和构成要素

1.高校思想政治教育机制的基本内涵

本书中的机制，是指在我国现行教育体制下，思想政治教育体系内，相互作用、相互制约的各种要素连接方式体系、管理制度和工作方式等。关于对思想政治教育机制的科学界定，许多学者们从不同的角度进行了阐述。管理论说，是根据某一目标的指导，以一定的驱动力，在某些机构的联合协调下，实现思想政治教育工作程序和工作方法的整体优化。制度论说，其系统需要一个可行、稳定、规范、可遵循的规则和条例来解决思想政治工作中谁做什么、怎么做、做得怎么样的问题。固有结构理论说，是指思想政治教育机制各组成元素的总和，是有关职能耦合，是有规律的运行的动态过程的某种方式。以上学说，至今尚未形成一个完全普遍接受的定义。

梳理各种不同的观点，辨明其共性与个性，以便科学地把握思想政治教育机制的内涵。我认为思想政治教育机制是思想政治教育在形成和实施的过程中，由于某种需要而形成的联系和运作方式。在思想政治教育过程中，如果要实现思想政治教育的整体功能和模式，首先应该知晓其运作的基本原则和运行构成要素之间的状态，还有思想政治教育系统的各个部分和其他系统之间的交互操作和其他互动程序的原则。可以用以下三个方面概括思想政治教育机制的含义：一是思想政治教育是构成其所有相关因素的总和；二是耦合功能，功能的发挥不仅取决于各要素之间的相互作用衔接、协调运转，而且还取决于各种因素的改善；三是按一定的方式运行一个动态的过程规律。

2. 高校思想政治教育机制的构成要素

通过对思想政治教育机制含义的深刻认识，高校思想政治教育机制构成要素主要包括：实体性要素与衍生性要素。

第一，实体性要素。主要包括教育主体、接受主体、社会环境。教育主体主要是指担负高校思想政治教育任务的组织和个人；接受主体主要指在校大学生；而社会环境，又分为宏观环境和微观环境。宏观环境是指社会现状，包括社会政治和社会经济，社会心理和社会媒体，社会风俗和社会道德等。微观环境主要是指对接受主体直接产生影响的环境，如校园文化等环境。教育主体、接受主体和社会环境是必不可少的，这三个方面又是相对独立、相互影响、相互制约的。思想政治教育功能和效果也是通过这三个基本要素的相互作用得以实现的。然而，在思想政治教育的职能和效果的实现过程中，这三个要素的作用又各不相同。思想政治教育的本质和发展趋势主要是由思想政治教育主体决定的，思想政治教育双主体影响着高校思想政治教育的全过程，思想政治教育的主体决定了思想政治教育的指导思想、内容和方法，并且保证了思想政治教育的先进性和可操作性。但接受主体有时也是被动的，受教育主体和环境的制约，而环境也是人类的社会环境，直接受人类的影响，所以思想政治教育过程中最重要的还是人的因素，二者直接影响教育者对高校的思想政治教育决策和管理，是动态反应中的功能和效率形式的思想政治教育。

第二，衍生性要素。主要是指思想政治教育的指导方针、原则、内容和方法以及领导干部的管理工作。例如，思想政治教育运行的力量，是促进思想政治教育自身健康发展的推动力；高校思想政治教育，能实现机制整体运行的目的，取决于不可缺少的基础保证和运行控制的好坏；高校思想政治教育的方式是以服务为经营宗旨的教育，是高校思想政治教育目的完成的有效途径，是最佳的营运模式；思想政治教育方案的运作是提高思想政治教育质量成效的一个重要保证；为了实现高校思想政治教育的效果，设有专门的工作机构及工作人员、有效的规章制度、资金和设备，等等。

以上要素构成了思想政治教育机制的有机整体，在思想政治教育机制运行中，这些元素都是必不可少的，它们相互作用、相互影响。各种元素的地位以及各要素之间的关系，决定了思想政治教育机制的整体效果。

（二）高校思想政治教育机制的基本特征

特征是事物所具有的特殊或特出之处，要对高校思想政治教育机制进行创新研究，必须从机制本身的特点开始着手。高校思想政治教育机制基本特征有以下几点：

1. 时代性

思想政治教育系统本身能够主动地、不断地进行自我约束，自我调整，自我完善。因此，创新思想政治教育机制是客观情况变化的需要，是人们深化思想认识过程变化的需要，必须经历一个曲折发展过程，这样才能适应新时代的需要。为了创新思想政治教育机制，首先，我们必须掌握包含科技含量的思想政治教育的方法；其次，借鉴管理学领域的现代管理理论和科学的经营管理方法，并且大力引进先进的科学技术和教学设备，以适应社会主义市场经济体制的发展，充分发挥教育主体的主观能动性和创造性。

2. 目标性

作为高校思想政治教育机制的目标，不仅确定了高校思想政治教育的发展方向，还充分确定了高校思想政治教育机制操作模式，实现思想政治教育的机制最优化。我们的目标是不仅要确定思想政治教育工作方向，而且为思想政治教育提供了预期的效果。因此，要建立思想政治教育机制，必须进行根本目标的一致性思想政治教育。有了明确的目标，确立的思想政治教育机制才能达到预期的效果，才是行之有效的。

3. 整合性

高校思想政治教育机制是一个非常复杂的系统，无论其在系统内或外部环节的工作，都必须是协调一致的，这样的思想政治教育过程才是一个良好的运行状态，才能实现预期目标。高校思想政治教育机制的整合功能，能够协调各个部分相互关联、相辅相成，形成一个巨大的凝聚力，实现整体功能大于部分之和的功能的综合效应。同时，整合性也体现在构成思想政治教育各元素之间的相互制约作用和所扮演的角色之间的平衡作用。在创新机制的过程中，我们一定要运用各种方式、手段和相互制约的各种因素，综合运用各种方法，形成整体力量，以取得更好的教育效果。

4. 全员性

思想政治教育包括了多个子系统，如高校领导干部对教师的思想政治教育工作，政工队伍对学生的教育等等。因此，高校思想政治教育机制是一个全员性的，多维式的庞大的系统。在建立机制的过程中必须把教师、领导干部、辅导员、辅助人员等众多因素全部纳入进来，形成一个全员参与的整体。然而，在思想政治教育过程中，我们必须协调好双主体之间的关系，真正做到个人和家庭之间的互动、个人与学校之间的互动、个人与社会之间的互动，从而实现提高学生成绩、管理好学生、为学生提供优质服务的目标。

5. 渗透性

高校思想政治教育机制的渗透性主要体现为在它的运行过程中可以使思想政治教育内容渗透给接受主体，起到润物细无声的教育作用。马克思曾指出，就个别人来说，他的行动的一切动力，都一定要通过他的头脑，一定要转变为他的愿望和动机，才能使他行动起来。因此，学生的内在需要和现实状况是思想政治教育机制的现实基础，可以防止过分夸大了个人意识的作用的现实，避免思想政治教育的过程和环节的渗透机制的内容简单生硬、虚伪。

6. 实践性

思想政治教育机制的实践性，主要反映了思想政治教育机制的目标、要求和措施，应现实针对性和操作性。随着高校大学生的实际情况变化而变化，把注意力集中到学生关注的热点和难点上，力争把理论思想问题与解决当下的实际问题相结合，这样可以做到以理服人、以情感人，从而提高高校思想政治教育的实效性。

二、高校思想政治教育机制主体现状分析

从一定意义上讲，思想政治教育机制的运行过程是教育主体和接受主体通过活动相互作用的过程。是思想政治教育机制构成的重要要素，所以了解思想政治教育机制的主体现状对思想政治教育机制的创新有重要的意义。

（一）高校思想政治教育接受主体现状

高校思想政治教育机制中的接受主体是大学生，全面认识高校大学生客观存在的特点，是落实高校思想政治教育机制创新的前提。

第一，把大学生作为一个群体来考察，他们思想的主流是好的，是积极向上的。高校大学生作为生长在社会主义发展阶段的年轻人，经过多年党和人民的培养，在思想政治方面应该有着明确的方向，应该具备明辨是非的能力。能够做到热爱祖国与热爱社会主义的统一，做到热爱祖国与热爱中国共产党的统一。第二，大学生的思想状况主流是好的，但是不难发现大学生群体中的个人政治思想是有差异的，甚至有落后的。由于市场经济的求利性和各种错误思潮的冲击，使得一部分大学生带有不同程度的功利主义色彩。个别人把"有用"与"无用"作为价值判断。主要是强调社会对他们的满足有多少，而不是强调自己对社会的贡献有多少。甚至有许多大学生为了实现理想，而不惜损害他人或国家的利益，违背了国家和社会的需要。

（二）高校思想政治教育主体现状

教育者认为高校思想政治教育主体，是大学生健康成长的指导者和引路人，担当着培养人、教育人的重要职责，在整个思想政治教育过程中，其地位最为重要。思想政治教育也是先进文化的传播者，引导大学生用马克思主义，大力宣传党的路线、方针和政策，引导学生树立正确的世界观、人生观

和价值观。高校进行的思想政治教育工作能够帮助高校大学生增长知识、升华理想，每一位思想政治教育者的言行举止都会对高校大学生产生直接影响。很难想象一个对思想政治教育理论知识匮乏的人，如何能对高校思想政治教育的现实问题进行正确的分析，不能正确地分析问题就不能及时地解决问题，就更不用说给学生指引前进的方向了。在高校，作为思想政治教育者不仅要解决学生的思想问题，还要解决学生的生活、工作、学习等问题，所以必须具备丰实的理论基础。因此说，高校思想政治教育者的素质的好坏直接影响其思想政治教育的效果和学校规定的各项任务的完成情况。目前，大学都专门建立了专职思想政治教育队伍，各高校的思想政治教育工作者也在积极探索思想政治教育自身的特点，希望能够在提高自身素质的同时，结合思想政治教育的规律，最终为社会主义培养出合格的接班人。

第一，高校思想政治教育主体建设取得了很大成绩。思想政治教育者在思想道德方面，主流是积极向上的。在此基础上，思想政治教育工作者越来越追求民主平等、诚实守信等道德价值，更加热爱教育事业，解放思想，不断开拓进取，安心本职工作，为高校思想政治教育工作作出了卓越贡献。他们有系统的理论知识，综合业务能力强，是高校的重要组成部分。各高校的师资队伍结构明显改善，以中青年骨干教师为主体，成员的年龄结构、学历结构、学缘结构等相对优化，各高校既有教学、科研骨干，又有朝气蓬勃的新生力量，教授、副教授、讲师、助教教组成梯次的队伍，学历以博士为先导、硕士为主体的教师队伍初步形成。

第二，高校思想政治教育主体还存在一些亟待解决的问题。我们也应该清醒地认识到，目前高校不同程度地存在着对思想政治主体建设的重视不够、管理不到位；一些思想政治教育工作者的理论水平、知识结构、工作能力等方面还稍有欠缺。

一是没有更深刻地理解"生命线"地位。有的高校思想政治教育工作者对思想政治教育的价值认识不清，立场不是很坚定。主要表现为部分高校党政工作者对思想政治教育工作的重视程度不够，没有更深刻地理解思想政治教育的"生命线"地位，有些高校的思想政治教育仍处于被忽视的地位，导致一些大学对思想政治教育的认识不够坚定，在价值取向上存在偏向功利主义；有些高校在教学方面只重视智育，而对学生的德育要求不高；还有一些高校思想政治教育工作处于"单打独斗"状态，缺乏团结协作精神，思想政治工作的队伍不稳定和思想政治工作人员的变动频繁，等等。

二是部分在总结经验和探索规律方面做得还不够，不能很好地把理论和实践结合起来。一方面，在言行上，高校思想政治教育工作者必须严格遵循党的基本路线和基本纲领，用马列主义、毛泽东思想、中国特色社会主义理论，特别是我国进入了新发展阶段，更要用习近平新时代中国特色社会主义思想来指导思想政治教育的具体工作，并按照高等教育法和有关高等教育规章制度开展思想政治工作。另一方面，在高校，思想政治教育工作者由于教育背景、专业知识、亲身经历不同，导致个体呈现多样性，从而导致大部分思想政治教育工作者的工作方法和工作作风出现差异。大多数思想政治教育者虽然重视经验积累和科学探索，但他们中的相当一部分在总结经验和探索规律方面做得还不够，特别是不能很好地把理论和实践结合起来。"教书者必先强己，育人者必先律己。"思想政治教育者也要坚持学习，接受再教育，不断提高自身素质，不断地完善自我。

三是高校青年思想政治教育者存在的问题。自改革开放以来，教师队伍年龄差距不断扩大，队伍年轻化趋势明显，学历层次不断提高，当下"90后"高校教师开始成为学校主力，一支充满朝气的青年思想政治教育队伍已经在我国高校成长起来。他们肩负着历史的重任，必须关注自身存在的问题。首先，当代高校青年思想政治教育者成长在社会转型期，社会价值取向出现了多元化，从而使青年思想政治教育者的思想道德意识从根本上发生变化。其次，他们主要是成长在应试教育体制下，缺乏实践经验。因此，他们的心理矛盾也是多方面的。一方面，他们热爱祖国、民族感强、责任感强；另一方面，他们在思想上虽然积极追求进取，但是又过分追求名利。当今社会的思想政治教育者大都有明显的竞争意识和强烈的责任感，对自己的人生价值的追求都非常高。然而，有些人倾向于改变价值，功利化倾向严重。最后，当代高校青年思想政治教育者生活经历简单，个人素质优劣并存。他们大多是借着改革的春风长大，然后从一个学校的大门到另一个学校的大门。简单的个人生活经历，使他们中的大多数都具有天真纯朴的个性特点，对工作都拥有高品质的愿望，连续和系统的学习使他们拥有更坚实的基础理论知识。但是，他们缺乏艰苦奋斗的精神，不愿意承受生活的失意、工作的挫折、失败的打击。另外，早期的文理分科造成青年思想政治教育者知识结构方面存在缺陷，整体的科研能力和综合素质不能满足高校发展的需要。

第二节　高校思想政治教育机制创新的必要性和可行性

一、思想政治教育机制创新的必要性

（一）高校思想政治教育机制创新对高校教育主体的意义

目前，随着高校思想政治教育工作者队伍与管理格局的不断优化，思想政治教育的育人目标能否实现，关键是要建立一个行之有效的思想政治教育机制。通过思想政治教育机制创新，积极推动思想政治教育者与学生的管理者相结合。具体而言，第一，有利于高校思想政治教育队伍建设。如上文所述，高校思想政治教育队伍存在着问题。理论课教师素质参差不齐，缺乏优秀中青年学术带头人等都是不争的事实。思想政治教育机制创新，有利于充分调动广大思想政治教育工作者的积极性，有利于提高高校的各专业任课教师、行政管理人员及后勤服务工作人员的责任意识，使其做到爱岗敬业、为人师表，以良好的思想政治素质和道德风范熏陶和教育学生，在大学校园里真正形成教书育人、管理育人、服务育人的良好氛围。第二，有利于提高高校思想政治教育效率。要不断创新高校思想政治教育机制，就必须加强高校思想政治教育者与学生会和学生社团的联系，搞好学生调研与预测，对学生的信息反馈情况及时进行分析，从而把握学生的思想动向，及时发现在校学生思想倾向性、苗头性的问题，努力做到超前预测，防患于未然，不断提高

思想政治工作的效率，充分发挥思想政治教育者的育人作用。

（二）高校思想政治教育机制创新对高校接受主体的意义

思想政治教育工作是非常重要的，高校学生思想政治教育工作，更是任重而道远。只有坚持实事求是，理论联系实际，从高校的具体实际情况出发，不断地继承和发扬思想政治教育工作的优良传统，创新高校思想政治教育机制，并且积极探索思想政治工作的新思路、新方法、新途径，高校学生思想政治工作才能够实现预期的效果，为目前高等教育的改革、发展奠定良好的基础。另外，思想政治教育机制创新对大学生发展也有着积极的意义。第一，思想政治教育机制的创新使得学生对思想政治教育理念和目标的认识发生改变。习近平总书记在全国高校思想政治工作会议中强调，把学生培养成为一个综合型的人才，以推动社会发展，成为建设社会主义和谐社会的主要力量。高校思想政治工作关系高校培养什么样的人、如何培养人以及为谁培养人的根本问题。要坚持把立德树人作为中心环节，把思想政治工作贯穿教育教学全过程，实现全程育人、全方位育人，努力开创我国高等教育事业发展新局面。第二，高校大学生对思想政治教育的认识随着思想政治教育机制的创新发生了改变。引导高校大学生时刻把马克思主义理论记在心中，把建设中国特色社会主义理论体系和爱国主义等重要的思想理论作为高校思想政治教育的主要内容。把改革创新作为时代精神，把社会主义荣辱观作为时代主题，对当代大学生进行社会主义核心价值观教育，更加有助于大学生坚定政治信仰，增强社会责任感，以此培养出在思想上追求上进的优秀青年。第三，思想政治教育机制的创新，特别是利用网络进行思想政治教育，开拓了大学生的视野，引导高校大学生树立正确的世界观、人生观和价值观。当前，由于互联网技术的飞速发展，大学生的身心健康受到影响。许多不良信息的迅速传播，尤其是拜金主义对大学生的心理发展和价值取向带来了巨大的负面影响，导致许多在校大学生不断产生追求物质利益的想法。因此，对高校大学生进行思想政治教育能够引导学生树立正确的人生目标，也能够引导思想政治教育者不断创新思想政治教育的教学方式方法，不断提高思想政治教育的教育效果。一方面，大学生应密切注意品德和道德修养，课堂教学作为思想政治教育的主要教育方式，内容应该更加丰富多彩；另一方面，在高校，必须不断地提高思想政治教育队伍的素质水平，要求思想政治教育工作者要定期进行深造，使思想政治教育工作者的工作氛围达到最优化。

二、高校思想政治教育机制创新的可行性

（一）高校思想政治教育机制创新的理论依据

创新是一个民族进步的灵魂，是一个国家兴旺发达的不竭动力。当今世界的竞争，归根到底，是综合国力的竞争，实质则是知识总量、人才素质和科技质量的竞争。国家对高校思想政治教育工作的重视为高校思想政治教育机制创新研究提供了政策支持和政治保障，规定了实践准则，并且进行了理论定位。

习近平总书记对加强高校党的基层组织建设提出明确要求，指出："要加强高校党的基层组织建设，创新体制机制，改进工作方式，提高党的基层组织做思想政治工作能力。"他强调："高校党委对学校工作实行全面领导，承担管党治党、办学治校主体责任，把方向、管大局、作决策、保落实。要加强高校党的基层组织建设，创新体制机制，改进工作方式，提高党的基层组织做思想政治工作能力。要做好在高校教师和学生中发展党员工作，加强党员队伍教育管理，使每个师生党员都做到在党爱党、在党言党、在党为党。"

（二）高校思想政治教育机制创新的现实基础

近年来，各高校越来越重视思想政治教育，重视培养社会主义事业的优秀建设者和接班人，不断完善高校思想政治教育机制，并且取得了显著的效果。随着市场经济的快速发展，目前的思想政治教育机制已无法满足高校思想政治教育的需要，所以我们要创新思想政治教育机制，而以往的思想政治教育机制所取得的成果恰好为此提供了现实基础。

第一，发挥党的核心指导作用，作为最高政治领导力量的中国共产党是思想政治教育工作的引领者，为高校思想政治教育工作指明了方向，从而初

步形成了思想政治教育管理机制。学校党委把如何培养大学生，如何对大学生进行思想政治教育这一工作放在首位，对其进行理论指导，作出科学规划，加强思想政治教育队伍建设，规范制度，同时改进，协调发展。科学规划，学校党委应该对高校学生的思想政治教育的具体教育方案进行科学制定，加强意识形态的教育，把具体教育方案纳入学校的整体规划。加强思想政治教育队伍建设，主要体现在党委必须从学校的师资队伍和政工队伍的整体思想政治素质、工作水平等方面入手，力求在高校形成一支思想政治素质高、业务精湛、工作作风认真的高素质队伍。规范制度，主要体现在党委工作态度要认真，不断增强服务意识，建立更加完善的工作制度，使思想政治工作更加规范，以确保思想政治教育工作取得更好的效果。

第二，坚持思想政治教育首位。大学教育中的全方位的思想政治教育，对学校教师们在思想上作出明确要求，规定设立育人的全面发展目标，全面启动教育意识的思想政治教育模式，全面参与全过程的育人理念。因此，教师、管理人员和服务人员从对教育的支持成为思想政治教育主体，明确了他们的教育职责。

习近平总书记在全国高校思想政治工作会议上进一步提出："高校思想政治工作关系高校培养什么样的人、如何培养人以及为谁培养人这个根本问题。要坚持把立德树人作为中心环节，把思想政治工作贯穿教育教学全过程，实现全程育人、全方位育人，努力开创我国高等教育事业发展新局面。""做好高校思想政治工作，要因事而化、因时而进、因势而新。要遵循思想政治工作规律，遵循教书育人规律，遵循学生成长规律，不断提高工作能力和水平。""要用好课堂教学这个主渠道，思想政治理论课要坚持在改进中加强，提升思想政治教育亲和力和针对性，满足学生成长发展需求和期待，其他各门课都要守好一段渠、种好责任田，使各类课程与思想政治理论课同向同行，形成协同效应。""要加快构建中国特色哲学社会科学学科体系和教材体系，推出更多高水平教材，创新学术话语体系，建立科学权威、公开透明的哲学社会科学成果评价体系，努力构建全方位、全领域、全要素的哲学社会科学体系。""要更加注重以文化人以文育人，广泛开展文明校园创建，开展形式多样、健康向上、格调高雅的校园文化活动，广泛开展各类社会实践。""要运用新媒体新技术使工作活起来，推动思想政治工作传统优势同信息技术高度融合，增强时代感和吸引力。"习近平总书记还强调："教师是人类灵魂的工程师，承担着神圣使命。传道者自己首先要明道、信道。高校教师要坚持教育者先受教育，努力成为先进思想文化的传播者、党执政的坚定支持者，更好担起学生健康成长指导者和引路人的责任。要加强师德师风建设，坚持教书和育人相统一，坚持言传和身教相统一，坚持潜心问道和关注社会相统一，坚持学术自由和学术规范相统一，引导广大教师以德立身、以德立学、以德施教。"

第三节　高校思想政治教育机制创新的原则及举措

一、高校思想政治教育机制创新的原则

思想政治教育的原则反映了思想政治教育活动的客观规律，是思想政治教育机制活动、思想政治教育机制运行必须遵循的基本准则。同时它又是思想政治教育方法的理论依据。思想政治教育机制的运行主要遵循以下几个原则：

（一）整体优化的原则

高校思想政治教育在创新思想政治教育体制中肩负着重要的历史使命。能否完成历史重任，需要切实履行高校思想政治教育的社会职责，那么关键是要形成高校思想政治教育整体和谐的力量。高校思想政治教育的力量一旦不和谐或分散了，高校思想政治教育的效果就会明显被削弱，反之增强高校思想政治教育形成的整体和谐力量，就会大幅度地提高高校思想政治教育的社会效应。过去，高校思想政治教育多半是在封闭的环境里完成的，没有形成较为系统的整体优化的思想以及开放的观念，更多是依靠高校思想政治教育工作者自身的力量进行工作，力量相对薄弱，效果也不尽如人意，有的时

候往往因为自身的工作努力程度不够，而被外界误解，使得思想政治教育者的工作往往得不到认可。随着改革开放的深入发展，管理科学的出现和应用，高校思想政治教育的环境发生了变化，并且校内外关系愈来愈密切，高校党委对思想政治教育也越来越重视，同时促进了校内外的整合与合作，逐渐形成了高校思想政治教育的和谐力量。一方面，高校思想政治教育主体注重改善学校内部环境，主要表现在把"三育人"结合起来，形成高校思想政治教育的内部育人合力；另一方面，高校思想政治教育还要注重改善外部环境，在党和政府的领导下，不断地把学校育人、社会育人和家庭育人结合起来，形成外部育人合力。通过高校思想政治教育力量和资源的内外整合，更有效地增强了高校思想政治教育的整体和谐，使整个高校思想政治教育的社会效应发生较大的变化，从而促进了高校思想政治教育向良好的方向发展。实践证明，高校思想政治教育的整体效应是由高校思想政治教育的合力直接决定的，只有高校思想政治教育合力得到提高，高校的思想政治教育的整体局面才能从根本上发生改变。所以，要创新思想政治教育机制首先必须进行整体优化。

（二）科学管理的原则

高校思想政治教育的管理确保了高校思想政治教育功能得到发挥，以及根本目标和根本任务的实现。因此，要想建立一个行之有效的思想政治教育机制，就必须加强高校思想政治教育的管理，把依法治教和以德治教结合起来，贯彻落实高校各项规章制度。

第一，思想政治教育科学的管理体系。首先是要在党委的统一领导下，做好学校思想政治工作。依据思想政治教育的目标和发展规律，调节思想政治教育系统资源，实现思想政治教育效率的提高，形成全校教职工全员参与，"有人抓、有人管、有人做"，各尽其责，"抓""管"有序的管理体系。这种管理体系应该以学校的党委领导为核心去"抓"，以两条主线去"管"，即构建党团一条线（学校党委—学生工作处、校团委—学院党总支、分团委、学生会—班级）和行政一条线（学校校长—教务处—院系—教师—学生）的科学化管理；也要建设好三支队伍，即专兼理论课教师、辅导员和后勤行政人员，学生的思想政治教育和管理工作都是由这三支队伍来具体负责实施的；还要落实好思想政治工作得以实施的重要支柱，即六个机构和一个组织。六个机构包括思想政治理论教学部、学生处、团委、教务处、保卫处、后勤部门，一个组织即学生党支部。党委是高校思想政治教育管理体系中的领导核心，要深入"抓"；两条主线落实好"管"；避免造成管理的失误和执行能力出现问题，要有充分跟进和协调落实的能力；思想政治教育理论教学部和学校党委的基层组织，要引导学生确立正确的世界观、人生观、价值观，积极推动全校的学生思想政治工作。

第二，完善管理的理论体系。虽然在高校的教育管理过程中逐步建立了内容体系、工作体系和管理体系，还必须逐步建立大学生思想政治教育工作的理论体系，以便更好地指导实际工作，实现科学管理学生的思想政治教育工作。在高校，研究学生思想政治教育的课题项目较多，然而作为一个完整的体系，要高度重视下面的三个问题：一是明确大学生的思想政治品德培养目标。目标确立后才能明确教育的任务。任何育人工作都必须有明确的培养目标，大学生思想政治品德培养目标的确立，既要把握根本的目标即培养社会主义合格接班人，还要根据学生的实际情况制定不同的具体培养目标。二是掌握当前高校学生的自身特点，密切关注大学生的心理和思想的变化与发展规律。由于每个学生有着不同的生活环境、社会地位、学习条件，这就导致他们在思想和心理上具有差异性。只有认真对待学生的特点和差异，才能做好学生思想政治教育工作。

第三，对大学生思想政治品德进行考评。据大学生思想政治品德的培养目标，确定学生思想政治品德的衡量标准，把对他们进行的思想政治品德的考评，作为评价高校学生思想政治教育效果和评估学校教育质量的重要评价标准之一，并且把考评结果纳入学生的个人档案。

（三）职责明确的原则

高校思想政治教育工作队伍是加强和改进高校思想政治教育的重要组织保证，承担着思想政治教育的理论传输和思想宣传的重要任务。高校思想政治教育队伍更是我党的路线、方针政策的贯彻者和实施者，他们是思想政治教育的执行者，离开执行者，思想政治教育是无法继续开展的。然而，随着我国市场经济的飞速发展，高校思想政治教育工作队伍的建设受到了较大影响。例如，高校思想政治教育工作队伍不被重视，工作环境相对较差，职责划分不清，工作制度不完善。思想政治理论课教学在大学生思想政治教育中起着重要的作用，他们根据学科和课程的内容、特点，主要负责对大学生进行思想政治理论教育和人文素质教育。高等学校哲学社会科学课程负有思想政治教育的重要职责，其各门课程都具有育人功能及思想政治教育价值。学科教师要为人师表，以高度负责的态度，率先垂范、言传身教。辅导员和班主任作为大学生思想政治教育的骨干力量，他们始终奋斗在大学生思想政治教育工作的第一线。辅导员有针对性地开展思想政治教育活动，班主任负有在思想、学习和生活等方面指导学生的职责，进行直接的思想政治教育，他们将思想政治教育贯穿在学习指导与管理中，在实践活动中实施思想政治教育。

目前一些高校出现思想政治教育的队伍职责模糊，高校思想政治教育工作甚至被其他工作替代的现象，例如学生的思想政治辅导员变成了单纯的生活辅导员，用日常事务管理工作代替了思想政治教育工作等，思想政治教育没有达到预期的效果。这种现象的出现，迫切要求我们组建高校思想政治教育的专职队伍。这支队伍需要通过严格教育和培训，逐渐成为高校思想政治工作的专家，从而推动高校思想政治教育工作迅速走向规范化。要加强专业教师队伍的素质建设，利用其思想政治教育资源，不断提高任课教师的育人能力，同时努力为思想政治教育者创造一个良好的环境，使思想政治教育工作人员都能够在舒心的条件下工作，有发挥自己能力的平台，有让人尊敬的社会地位，有良好的发展空间。在当前情况下，高校应从实际出发，由党委进行统一领导，学校各方整合，建立起一个职责明确的工作机制，从而形成一个覆盖全校的思想政治教育工作的工作局势。

（四）协调发展的原则

在高校进行思想政治教育的过程中，遇到矛盾和冲突是常有的事，这就需要协调来解决问题。协调的作用就在于它能够协调思想政治教育主体和接受主体的关系和矛盾，舒缓接受主体的心理状态；协调思想政治教育主体和接受主体之间的物质利益关系，加强其稳定性和团结性，减少不必要的消耗。促使相关部门相互协调，才能在高校思想政治教育系统管理的过程中形成齐抓共管的良好局面。同时，高校思想政治教育系统管理机制首先必须强调党的领导，然后再强调行政负责，还要强调人人有责，对思想政治教育工作抓管有序，和谐一致，最终形成合力。党委起着思想政治教育工作的领导核心作用；大学生思想政治教育工作职能部门是学生工作处，对广大学生进行思想政治教育是它的主要职责之一。高校的思想政治教育管理工作是党政群团的一项重要工作。要想做好大学生思想政治教育工作，除了学生工作部门的努力，学校的其他职能部门也应该从育人这一目的出发积极进行配合，在精神和物质方面都应该给予大力支持，充分发挥高校各职能部门的思想政治教育功能，充分调动全校的教职员工积极性，参与思想政治教育工作。校党政领导要高度重视，深入抓好思想政治教育工作，院党总支书记、教学副院长、专业教师、辅导员要参与并落实管理工作。校行政机关工作人员和后勤服务人员也要积极配合、同心同德、形成合力，努力开拓思想政治教育的新局面。与此同时，还应充分调动广大学生参与思想政治教育的积极性，学生虽然是被管理的对象，但是要尊重学生的自主权利，他们才是思想政治教育的接受主体。使大学生们意识到他们也是学校的主人、是思想政治教育的接受主体，这样学校的各项规章制度才能够真正落实，思想政治教育管理的功能才能真正得到发挥，管理育人、全员育人的目标才能够实现。建立良好的高校思想政治教育机制，是顺利进行思想政治教育的有效保证，在思想政治教育机制运行过程中，必须坚持党的领导，发挥学校党委领导及其系统的作用，提高思想政治教育工作队伍的整体素质，制定并不断地完善学校关于思想政治教育的规章制度，只有这样，高校思想政治教育的各个要素的功能才能得到最大的发挥，使整个系统收到最佳的效果。因此，在高校思想政治教育的过程中，思想政治教育的协调功能是不可忽视的。

二、高校思想政治教育机制的创新举措

我们所处的时代，是一个用新发展理念引领的新时代，创新作为一项开

拓性的工作，要不断解放思想、实事求是、与时俱进，必须通过实践来实现，坚持理论与实践的统一，内容与形式的统一。因此，要创新高校学生思想政治教育机制，就必须强化与时俱进与开拓实践的意识，做到坚持以马克思主义理论为指导，紧密联系我国社会主义建设的实际，联系高校不断发展的实际，联系学校师生的实际状况，对思想政治教育理论灵活运用，对实际问题进行深入的思考。认识新问题，剖析新问题，提高解决新问题的能力。优化动力机制，完善管理机制，建立思想动态监测机制，营造良好的激励机制，完善保障机制等，从而实现对思想政治教育机制的创新。

（一）优化动力机制

高校思想政治教育机制的运行是一个动态的过程，是通过人为而形成的，因此，一定存在一种动力推动着思想政治教育机制稳定向前发展。这种动力结构主要包含内动力和外动力两个方面。内动力主要是指由诸多要素构成的机制本身，外动力指除思想政治教育机制以外的但对其有一定影响的力量。思想政治教育机制离不开这些动力因素，否则就会停止运行，甚至瓦解。所以加强思想政治教育工作者的调适作用，不断完善教育主体和接受主体的协调关系，优化动力机制十分必要。

第一，掌握大学生接受思想政治教育的思想基础。学生是思想政治教育的接受主体，接受主体的社会性决定了它必须接受思想政治教育。英国哲学家休谟曾说道："人只有依赖社会，才能弥补他的缺陷，才可以和其他动物势均力敌，甚至对其他动物取得了补偿；在社会状态中，他的欲望虽然时刻在增多，可是他的才能却也更加增长，使他在各个方面都比他在野蛮和孤立状态中所能达到的境地更加满意、更加幸福。"人的自我价值是个人与社会的关系问题，个人的自我价值只有在社会中才能得到实现，接受思想政治教育成为人格完善的途径，能够更好地实现个人的社会价值。因此，思想品德教育是思想政治教育接受主体对自我社会价值实现的内在动力。大学生只有在客观上接受思想政治教育，才能得到社会的认可，才能实现个人的社会价值，这些是确定其自身行为评价的依据。每个人都有自己的理想，都有自己的理想人格追求，都有适应社会要求的美好愿望，这些成为接受思想政治教育的思想基础和心理动力。另外，大学生接受思想政治教育的外在动力是社会主义市场经济环境的需求。从某种意义上讲，社会主义市场经济是法制经济，即便是法制经济。但也必须有伦理道德的支撑，否则就会发生悲剧。目前，在市场经济的竞争越来越激烈的前提下，一个人的道德形象和诚信度已逐渐成为人们衡量竞争力的标准之一。然而当代的大学生们普遍存在自我意识的矛盾，因为理想与现实必定存在一定的差距，所以当他们发现现实生活的方方面面与理想不一致的时候，就会觉得迷茫。总结起来，大学生自我意识的矛盾主要表现为以下几方面：理想中的"我"与现实中的"我"的矛盾，自尊心与虚荣心的矛盾，交往需求与自我封闭的矛盾，追求上进与自我放纵、惰性的矛盾等。所以只有加强思想政治教育的调适作用，对学生进行及时引导，才能确保提高其人格需要，增强学生的道德观念和意志力，从而塑造完善的、社会所需要的人格。因此，只有掌握社会生活的各项道德规范要求的人们才能达到行为上的自律，自觉地接受思想政治教育，以适应社会经济发展的需要。

第二，不断完善教育主体与接受主体的协调关系。思想政治教育接受过程始终存在着各种矛盾，而矛盾斗争是思想政治教育机制运行的推动力。教育主体与接受主体之间的矛盾是主要矛盾，不断完善教育主体与接受主体的协调关系，就是实现学生从客体到主体的教育理念的转变。事实上，高校思想政治教育接受过程一方面要靠教育工作者的积极努力来实现的，另一方面是大学生通过主观能动性来实现的，接受思想政治教育是一个逐渐深化、充满矛盾的漫长的过程。人们每次接收到思想政治教育事实信息，都会形成相应的道德烙印。思想政治教育过程是教育主体与接受主体互动交往的过程，从施行思想政治教育的过程来说，教育者是教育的主体，学生是教育的客体；从受教过程方面来说，学生是接受教育的主体，施教者则是接受教育的客体。双方的交互影响作用，分别形成互为主客体关系的两个认识活动往复循环，这个过程很复杂，既要调动学生的主动性，使其深刻地了解，又要开发学生的潜能，使其做到深层次地吸收。当思想政治教育的内容与接受主体原有的思想信念不一样时，对于部分接受主体来说要放弃原有的个人思想观念，才能接受新的教育内容，形成新的思想观念。教育主体是教育的发动者、定向者，只有努力解决这一矛盾，才能推动思想政治教育机制的良性运行。因此，教育主体为了能够发挥更大的作用，首先必须提高教育主体的自身素质；其次是创造良好的教育环境，这是教育主体进行思想政治教育必不可少的客观因素，也是促进接受主体吸收思想政治理论以及形成正确观念的重要因素。所以，这些中介作用可以使教育主体和接受主体之间的关系越来越密切，促进二者相辅相成，共同进步。

（二）完善管理机制

高校思想政治教育机制的创新出发点和落脚点，是提高大学生的政治思想品德，为保障高校思想政治教育机制构建起来后有效运行，完善其管理机制是十分重要的。

第一，进一步明确思想政治教育目标管理。管理学认为，目标管理既是基本的管理内容，又是一种管理制度和管理思想。从管理学的角度来分析思想政治教育的目标管理，是指通过目标的制订、分解、落实，使思想政治教育工作者共同参与，从而实现的科学管理形式和方法。作为一种管理思想，强调以目标为核心，建立必要的制度、工作岗位、工作职责、责权分解和绩效考核等。高校思想政治教育的目标具有层次性的特点。在我国，高校思想政治教育的根本目标是提高大学生的思想道德素质，促进其全面发展。在教育实践中，要将高校思想政治教育的根本目标，按不同阶段和不同层次分解成多个子目标，具体问题具体分析，并结合大学生的自身特点，制订出多层次的远期规划和近期具体目标体系，把这些目标按照合理的标准有机地联结起来，然后按照从低到高的次序，一级一级、一步一步地加以实现。并随着高校的具体实际情况，不断制订思想政治教育工作的各阶段目标，既要防止过高，又要防止过低，否则目标的权威性就会受损。目标的设置应该是对现实综合的、全面的、多指标的反映，其实现是一个动态的过程，遵循阶梯原则进行目标管理，效率就会大幅度提高。

第二，分解考核目标，促进管理的科学化。思想政治教育管理是一种整合思想政治教育资源的活动，需要借助一些具体手段。一是对思想政治教育的考核，把高校思想政治教育长期目标和教学管理综合目标考核体系相结合，把思想政治教育效果的好坏作为评价标准之一；二是要明确思想政治教育岗位责任目标，各尽其责、任务明确、职责清晰，在工作中避免推诿等不良现象发生，并严格按照岗位职责来评价思想政治教育者的工作效果，这样才能确保每位思想政治教育工作者更好地为学生服务；三是要组织考核和评价目标，具体问题合理对待，不能搞"一刀切"，以避免给师生心理上带来消极影响。

第三，明确考评内容，促进管理的制度化。思想政治教育目标的考核和评价，是实行目标管理的重要环节，应定期考评，促进管理的制度化。制度化管理意味着标准化、程序化、透明化，制度化管理更加便于师生进行考核，从而促进师生不断改善和提高效绩。目前看，可以客观地反映高校思想政治教育工作的效益，其评价标准应体现在以下几个方面：一是要考核高校思想政治教育工作的领导是否坚强有力，是否能够带领广大思想政治教育者运行思想政治教育机制，能否实现思想政治教育的保证作用，有没有形成健全的领导体制、工作机制和高素质的专兼职工作队伍，是否促进了各项教学工作的顺利进行和健康发展。二是看思想政治教育过程是否不断创新，有没有与时俱进，能否解决在大学生中出现的各种思想问题。三是看能否巩固思想政治教育的地位，以育人为目标，保证和推动学校的发展和稳定。四是看大学生思想状况，如学风是否端正，责任心是否增强，心理是否健康，是否形成了良好的道德品质。在评价过程中，要做到所有师生员工共同参与，多层面地听取意见，把握评价的准确性。

（三）建立思想动态监测机制

第一，对思想政治教育者的思想实施动态监测。对思想政治教育工作者队伍进行整体把握，可以结合高校人事制度改革，逐步建立起择优上岗的队伍建设机制。建设好一支工作热情高、业务能力强、思想积极进步的思想政治工作队伍，是改进和加强高校思想政治工作的关键。一是要提高认识，搞好远期规划。下力气规划建设好思想政治教育工作队伍，人事处及其他组织部门能及时掌握教育工作者带有倾向性的思想问题，并妥善处理。"建立思想动态监测机制"工作过程中的信息收集、信息传递、信息分析等工作环节，也是在对教师的心理活动规律进行收集探讨和分析，有利于准确把握教师的思想动态。二是强化机制，确立制度。培养和造就一支适应新形势的高校思想政治教育工作队伍，必须逐步形成工作人员相对稳定、合理分流的良性运行机制。三是要创造条件，提高待遇。有效地改善职工的工作环境，从政策上切实解决好专职思想政治教育工作人员的职称和待遇问题，使他们得到社会的充分尊重。要利用政策的杠杆作用增强吸引力，使思想政治教育工作成为大家重视的工作岗位。

第二，对在校大学生的思想实施动态监测。近年来网络上中科大季子越等问题学生的事件，昭示人们：是否能在大学生思想矛盾初见端倪时，及时察觉，并及时采取果断措施处置，对避免情况的恶化非常重要。坚持加强尊重他人、服务他人、发展他人的思想政治教育，高校思想政治教育工作系统要在大学生中及时收集思想动态信息，分析处理其思想动态，准确地把握潜在的和倾向性的问题，应尽快建立起大学生思想动态预警机制，提高思想动态的预测能力，根据预测结果对可能发生的问题进行超前防范。建立起大学生思想动态预警机制，一是各院系应该建立信息上报制度，以确保院系及时掌握学生的最新情况。各级管理部门应成为思想政治教育反馈信息的集散中心，通过对反馈信息的详细分析和研究，能够及时地提出思想政治工作情况报告和对思想政治教育加以调整的建议。班级干部以定期或不定期、定点或不定点等方式汇总信息及时向辅导员或班主任传递，使部分领导能够及时掌握学生的最新情况。二是建立高校思想政治教育反馈机制，并推动决策机关实施跟踪决策，使决策不断完善。思想政治教育决策关系到思想政治教育的方向，影响着思想政治教育效益。及时发现问题，能够促进上级部门充分掌握工作措施、教育内容、活动方式等多方面的情况，针对出现的问题发出调节指令，以确保思想政治教育决策的实施与顺利进行。在建构反馈机制中必须强调领导部门权威，强调在思想政治教育中服从指挥，协调一致，确保思想政治教育的整体战斗力，以应对突发事件和更好地做好日常思想政治教育工作。

（四）营造良好的激励机制

激励机制是指通过一套理性化的制度来反映激励主体与激励客体相互

作用的方法。可以通过表扬与批评，奖励与惩罚等形式，运用精神和物质的奖惩手段，以鼓励、调动师生员工工作与学习的积极性和创造性。创新思想政治教育工作的激励机制，实质上是战略激励与战术激励相结合的激励方式，针对师生员工等主体的物质和精神的需求，因人、因事、因时地实施激励措施。

一些高校嘴上说把学生思想政治教育工作放在首位，但行动上没有付诸行动。一方面是用"先进"要求思想政治教育工作者多作贡献，另一方面是不重视学生的思想政治教育工作，这种做法严重地挫伤了高校思想政治教育工作者的积极性和创造性。我国现在处于社会主义初级阶段，在大力发展社会主义市场经济过程中，在任何一个群体中都存在对物质和金钱的不同看法。因此，在社会大背景下，我们既要提倡先进性，弘扬无私奉献的精神，同时也要考虑所有的思想政治教育者的付出，采取适当的物质奖励，来激励思想政治教育工作者，鼓励他们开拓进取，无私奉献，为学生思想政治教育工作多作贡献。因此，对激励机制的创新，主要有以下几种具体措施：

第一，用奖优惩劣强化激励机制。奖励能满足人们对物质利益的期望和要求。在高校思想政治教育过程中，要利用好奖惩的作用，必须做到以下几点：其一，公正公平，奖惩分明。不论奖励还是惩罚，都要从学校和广大师生的利益出发，不能为了满足一己私利，而伤害其他思想政治教育者的积极性，应该做到该奖就奖，该罚就罚，奖惩分明。其二，实事求是，奖惩得当。在进行奖惩前一定要深入调查，尽可能做到奖惩准确无误，杜绝弄虚作假。另外，要正确把握奖励的标准和尺度，尽可能合理划分奖励的级别；要以奖励为主，奖励的人员一定要多于惩罚的人员；尽快选择适当的奖惩场所，及时地抓住奖惩时机；要时刻牢记奖惩的最终目的是为实现思想政治教育目标服务的。其三，奖惩与个别教育相结合，不能损害合作精神。因为人是社会动物，所以人的任何行为过程都需要互相合作。高校奖惩体系的构建更应该对合作进行奖励，对个人为合作而作的贡献进行奖励。不仅如此，高校奖优惩劣的机制还应遵循以教育为主的原则，对得到奖励的人要提出新的要求，提醒他要戒骄戒躁，继续努力实现更高的价值；对遭到惩罚的人要热忱关心、耐心说服教育，帮助其找出问题的症结，鼓励他克服困难，不要气馁，早日实现自己的人生价值。

第二，坚持物质和精神奖励并重。马克思曾经指出："人们奋斗所争取的一切，都同他们的利益有关。"这里的利益既包括物质利益又包括精神利益两个方面。高校思想政治教育激励机制的作用，从根本上说，是通过利益刺激的手段来实现的。因此，在实施这种机制的过程中，既要注重物质激励，也要注重精神激励。那是因为，只讲物质激励，那样只能满足人的生理需要，在某种程度上可以激发人的工作兴趣和积极性，但容易使人产生唯利是图的不良心理现象；只讲精神激励，虽然可以暂时满足人的心理需要，激发人工作的主动性和创造性，但这样的作用不会持续很长时间。这就要求我们一定要坚持物质激励与精神激励并重，仍应注意奖励个人和奖励集体并重。这样做才能调动个人的工作积极性，才能增强集体的向心力和凝聚力，是集体的力量大于个体力量之和。还应防止对那些多次受到惩罚的人产生偏见，给他们以鼓励，不能让他们错过任何授奖的机会。

第三，充分发挥先进人物的示范作用。先进人物走在时代前列，代表了时代精神，反映了历史发展的方向，其事迹可以继承和发展，鼓励人们奋发向上。与一般的说服教育相比，榜样、典型的示范性更富有感染性和可接受性。俗话说，耳听为虚，眼见为实。示范教育更形象、更具体、更生动，榜样的力量是无穷的。一是充分依靠舆论，发挥先进人物的示范作用。舆论的力量是无法估量的，我们要借助舆论大力弘扬先进人物的事迹，用先进人物的崇高精神，倡导好人好事新风尚，用正确的舆论引导其他人；同时也要把握时机抓住反面典型，起到警示作用，利用舆论进行批评，让违背道德的社会现象曝光，不断净化社会的育人环境。二是重视先进人物的示范作用，高校思想政治教育工作者要以身作则，率先垂范，并言传身教，要有正确的价值观，高尚的道德风尚，用自身的模范行为慢慢地去熏陶和带动他人，他们用自身的美好形象和个人的人格力量对接受主体进行潜移默化的思想政治教育，真正提高高校思想政治教育工作的权威性和影响力。

（五）积极推进保障机制

保障机制是为思想政治教育活动提供物质和精神条件的机制，它为思想政治教育工作顺利实施提供有效服务。随着社会的快速向前发展，高校思想政治教育工作面临的问题越来越复杂，越来越艰巨，这就对思想政治教育的保障机制提出了更高的要求。高校思想政治教育的突出特点虽然是无形的，但是因为它是一个长期的过程，所以必须得到重视。因此，要做好高校思想政治教育工作，就必须坚持继续投入大量的人、财、物，予以切实有效的保证。

第一，要优化思想政治教育队伍结构，建设一支以专职为主的专兼职结合、政治素养高、业务精通的思想政治教育工作队伍。聘用那些自身素质高、喜爱高校思想政治教育工作的资深教师做兼职辅导员，要为这些思想政治教育工作者提供优越的条件，解决他们的实际困难，在政策上保证提高他们的工资收入。另外要稳定骨干，为思想政治教育工作队伍注入新生力量。对于兼职辅导员、"双肩挑"的人员，要积极配合他们搞好其他工作，要充分肯定他们的工作业绩。他们的工作量相对较大，所以不应该对他们任何一方面的工作打折。打折的做法，会影响他们工作的积极性，不利于高校思想政治教育工作。在能力上，要建设好定期培训、进修、考察等学习提高的保障机制，为高校思想政治教育工作的专兼职人员参加社会实践创造条件。多搞一些社会调查，用丰富的实践经验提高其综合素质，确保思想政治教育队伍整体素质得到提升，以增强思想政治教育工作能力，使思想政治教育目标早日实现。

第二，保证必要经费的投入，使高校思想政治教育的物质条件得到切实改善。随着经济的发展，人类已进入信息化社会，所以高校思想政治教育不能局限于传统的形式，而是需要配备先进设备和配套设施，改变教育手段，通过多种途径对学生进行思想政治教育。关于高校思想政治教育所需要的经费问题，可以先列入项目，进行预算评估，应该按照学生数量每年确定固定的经费，以切实改变目前落后的教育设施。当然，经费的足额投入只是一方面，另外高校如果没有一支素质精良、态度谨慎的工作队伍，思想政治教育的效果也达不到理想的程度。所以，思想政治教育保障机制的这两个方面是相辅相成、不可偏废的。

第三，法制保障。在高校，思想政治教育系统保障机制的顺利运行，关键在于要有一套完善的规章制度作保障。事实上，思想政治教育机制的法制保障，主要是通过学校的规章制度对学生行为的肯定和否定体现出来的。从这个层面上来讲，学校领导干部对学校的规章制度的具体操作本身就是思想政治教育运行的过程。因此，高校要做好思想政治教育工作就要特别重视建立健全高校师生学习、生活、工作中的规章制度，通过法制保障机制落实师生的权利义务关系。对学生日常生活提出高标准的要求，加强良好的校风、学风建设，并且使大学生们养成健康的心理、行为习惯和高尚道德风尚。法制保障应该贯穿思想政治教育的整个过程，也包括学校对师生日常行为的管理，比如学生的学习、学校的风气、对学生的违纪行为进行处分等各方面。这些关于日常行为管理的规章制度，一方面可以对学生有着正面教育的功能，另一方面对违纪学生的严格处罚可以对其他学生起到警示的作用。

总之，高校的思想政治教育机制是一项复杂的系统工程，它是由教育主体、接受主体、思想政治教育教学目标、思想政治教育教学模式、思想政治教育内容、思想政治教育的环境氛围等多种要素组成，并且高校思想政治教育具有时代性、目标性、整合性、全员性、渗透性和实践性的特征。对于这样一个由多种要素构成的系统工程，我们应该以马克思主义为科学指导，以原来有思想政治教育机制理论为基础，借助现代科学的方法和手段，对目前的高校的思想政治教育进行实地考察和分析，要更加关注思想政治教育机制的运行现状，坚持对思想政治教育机制的整体优化原则、科学管理原则、职责明确原则和协调发展原则等原则的基础上，创新思想政治教育机制，即优化动力机制、完善管理机制、建立思想动态监测机制、营造良好的激励机制和积极推进保障等机制，以实现思想政治教育的价值。

高校思想政治教育在培养大学生成为社会主义接班人的过程中，起着不可替代的作用。现在高校学生大多是"00后"，青春洋溢、好学上进、开放自信，同时，他们的世界观和价值观尚未完成定型，尤其易受各种错误思潮的蛊惑而摇摆不定，需要加以正确引导。因此，加强和改进新形势下高校思想政治工作，必须创新方式方法，不断增强时代感、针对性和感染力，不断增强思想政治教育的深度、广度和温度，不断完善高校的思想政治教育机制的创新。

第四节 以党员公私观教育推进 高校思想政治教育创新

中国共产党作为马克思主义执政党，共产党员的公私利益观既关乎着党的发展与壮大，也从某种程度上讲决定着执政地位的稳固。在全面从严治党的新形势下，坚持"五心教育"寻求最大公约数，坚持公私观教育寻求最大公约数，积极探索践行高校党员公私观的有效途径，具有十分重要的现实意义。

一、共产党人公私观的核心意蕴

所谓公私观主要是指人们在历史发展前进的历程中，在一定物质生产方式的基础上，关于什么是社会利益，什么是个人利益，以及二者之间密切关系的总的看法和基本认知。具体到共产党人的公私观，是指作为特定群体的共产党员对个人利益和社会利益以及二者关系的认知，它既内涵着马克思主义指导思想的要求，也主要外化为共产党的党规党纪对于共产党员具体公私行为的一定约束，就作为世界上最大的执政党的中国共产党而言，可以说其公私观问题不仅是党面临的严肃问题，也是每名党员干部所要思考的主要问题之一。

中国共产党人的公私观是马克思主义的公私观，它是一个相对开放、科学、不断发展的先进理论，它随着马克思主义的发展而不断丰富和完善，尤其是在与中国国情相结合后中国化的马克思主义公私观，更是如此。马克思主义公私观十分强调人民群众利益需求的重要性，它认为从事社会实践活动的广大人民群众的利益需求，是推动整个社会不断前行发展的主要动力之一，对此中国共产党员应予以深刻认识，应高度重视作为历史创造者和推动者的人民群众的根本利益，应学会正确处理公私利益之间的关系。

共产党人的公私观要求广大共产党人要尊重人民群众的利益，将国家和人民利益放在首位，持续强化为人民服务的宗旨意识，以及在此基础上承认党员干部追求个人正当利益的合理性，当然这种个人正当利益必须符合法律和政策的利益。作为党的干部，就是要讲大公无私、公私分明、先公后私、公而忘私，只有一心为公、事事出于公心，才能坦荡做人、堂堂正正。公款姓公，一分一厘都不能乱花；公权为民，一丝一毫都不能私用。这就要求我们广大党员干部要正确处理好公私利益之间的关系，应始终奉行全心全意为人民服务的宗旨和公仆意识，除了法律和政策范围内的利益关切外，再无其他利益，做到公私分明、克己奉公、公先于私，在思想厘清公私界限，坚决杜绝先私后公、有私无公等社会现象发生。

共产党员的公私观着重强调人民群众利益的主体性。中国共产党的活动应以实现广大人民群众的利益为核心。共产党员的公私观是先进的科学理论，它深刻地表明了共产党员公私观对维护人民主体利益的切实重要性。共产党员公私观最主要特征体现为其坚定的立场和维护最广大人民群众利益的取向。为此，广大共产党员应始终坚持马克思主义公私观的指导思想，以符合广大人民利益为出发点和落脚点，不忘初心，心系人民，以实现好、维护好、发展好广大人民的根本利益为己任，为之努力奋斗奉献自己力量。

二、共产党人公私观的主要特性

（一）党性与人民性高度统一

当今社会，利益群体纷繁复杂，利益诉求日趋多元化，政党所处的社会地位不同，政党形态各异，但从根本属性角度上来看，主要体现为无产阶级政党和资产阶级政党两种形态。应该说政党的阶级属性不同，往往其宗旨、利益也不尽相同。就实质上而言，资产阶级同无产阶级之间存在着不可调和的矛盾，其利益与人民利益是根本对立的。作为无产阶级先锋队的中国共产党，是以马克思主义为其理论基础的无产阶级政党，代表着中国最先进的生产力，引领着人们不断取得胜利，是实现中华民族伟大复兴的核心领导力量。其根本利益与人民、民族的根本利益具有高度一致性，中国共产党是体现中国最大公约数的政党，也是实现中国和平崛起的关键力量。中国共产党人除合理关切的利益外，并没有自己的特殊利益，从一定程度上讲，其从根本上保持了党的利益与无产阶级利益、人民群众利益的高度统一，全心全意为人民服务是其宗旨，广大人民群众的利益是其核心利益，可以说它是最广大人民群众利益的坚定捍卫者和践行者。党的宗旨要求共产党人坚持社会主义集体主义，奉行国家和人民利益至上，但这与其追求合理关切的正当利益并无矛盾，这里的合理关切利益是指法律和政策允许的利益。在公私观方面，马克思主义不仅承认个人利益的存在，并且充分肯定个人正当利益的合理满足对推动人类向前发展的重要意义。中国共产党作为马克思主义政党也不例外，它同样也承认党员干部追求个人正当利益的合理性，并且通过制定党纪国法引导党员干部实现、维护和发展自己的正当利益。

（二）公私观形成的双向性

共产党员公私观的形成，主要基于两方面因素相互影响相互作用的结果，一是外在的客观环境，二是主体的主观能动性。同时共产党员公私观的形成也是不断内化和外化的结果。人本质上而言是社会关系的总和，具有社会属性和阶级性。共产党员的公私观是在其所处的客观外在的社会环境和相应社会生产方式所决定的上层建筑的思想基础上，经过反复的社会实践而逐渐形成的。从一定程度上讲，现实的客观环境和外在条件对共产党人公私观的形成具有相当程度的影响作用，离开现实环境就会缺乏实现其公私观的外在载体和条件。当然，我们也应看到社会意识对社会存在的能动性作用，能够积极地改造和影响外在的社会环境。

（三）公私观形成的互动性

共产党员的公私观的形成是一个经过不断内化为观念、外化为行为、形成习惯、社会实践、提升观念等螺旋式上升的过程。共产党员的公私观的形成具有内化和外化互动的特点。共产党员的公私观的形成实质上就是将自身对公私利益的认知外化为社会实践，形成习惯性选择，进而不断提升公私利益认知的过程。值得关注的是，在其形成过程中，社会实践具有十分重要的作用，它是共产党员利益观提升的中介，也是必不可少的有效路径。共产党员公私观一旦形成必将对实际的公私利益选择产生重要的指导性作用，经过反复实践形成稳定牢固的意识和观念，进而形成公私行为选择。这种通过内外化互动呈现螺旋式上升的特征是共产党员公私观形成过程中的鲜明特征。

三、高校践行共产党员公私观教育的价值

（一）坚持公私观教育寻求最大公约数

新形势下加强高校党建工作，践行共产党员公私观首要的是做好高校基层党员同志的公私观教育工作，增强广大党员同志的理论素养和党性修养水平是其首要工作。如我们党开展的"五心教育"主题实践活动就是增强党员公私观的有效方式，其目的主要在于复杂环境形势下如何进一步坚定广大党员同志的理想信念，切实增强党员同志的自身理论修养，提升其社会集体利益观念。"五心教育"中的忠心对党、真心为民、清心律己、公心用权、用心干事既是指导广大党员同志的生活和工作指导准则，也是涵盖社会生活的方方面面的具体指导要求，其很好地诠释了共产党员的公私观。"五心教育"主题实践活动的开展，有利于提升党员干部的宗旨意识、党性修养、执行能力和整体素质，有利于进一步激发高校各级党组织和广大党员干部的积极性和创造性，同时也有利于改进作风、精神面貌、工作水平，增强党员服务意识，努力营造加快党的建设的良好氛围。我们的党才能始终保持奋进的精神动力。为此，我们就要从生命根基的高度，去深刻理解认识新形势下党开展群众路线教育实践活动的重要历史意义，既要理解它对增强个人党性修养的意义，也要深刻认知它对践行共产党员公私利益观的现实意义。

（二）以党员公私观教育为突破点推进思想政治教育工作

我们党历来高度重视思想政治教育工作，早在革命时期，毛泽东就强调要把"坚定正确的政治方向"放在思想政治教育首位。高校承担着"为谁培养人，培养什么样的人，怎样培养人"的重要任务，高校思想政治教育工作事关"办什么样的大学，怎样办大学"的根本问题。党员公私观教育在高校

学生思想政治教育中更多体现的是一种理想信念的教育。以党员公私观教育为突破口，积极寻找公私观教育与当代大学生成长成才的内在契合性，积极回应大学生内在心理需求，找准与大学生利益的交汇点和思想的共鸣点。在具体工作实践中，以公私观教育为内生点推进思政课程的守正和创新，在课堂传授中以公私观视角阐述人类社会发展规律、共产党执政规律、社会主义建设规律，加强集体主义、社会主义教育。培养大学生能准确把握在社会主义制度下正确处理个人利益和集体利益的关系的能力，从根本上引导大学生坚持以"为公"为导向的价值取向，拥护中国特色社会主义制度，坚定"四个自信"，争做为实现"天下为公"、全面发展、又红又专的有思想、有情怀、有责任、有担当的社会主义建设者和接班人。

第五节　中医院校思想政治教育的价值定位

高等学校教育专业众多，其思想政治教育也是各具特色。笔者工作于中医院校，在高等中医院校之中，尽管思想政治教育在舆论上备受关注，但事实上却一直属于边缘学科，再加上学生的专业课程较多，时间、精力有限，思想政治教育更处于一种相对尴尬的状态。所以，现在有一些问题摆在教育者面前需要思考，中医院校为什么要进行思想政治教育，出发点是什么？中医院校思想政治教育都存在哪些问题？只有回答了这些问题，我们才能判定方位，理清思路，正确把握进行思想政治教育的途径。

一、要重视思想政治教育修养培养的重要性

首先，从个人角度讲，一个人天生并不是医生，但是医生天生却是一个人。医学生在成为医生之前，要先学会做一个纯粹的、道德高尚的人。爱

因斯坦曾说过：专业教育可以使人"成为一种有用的机器，但是却不能成为一个和谐发展的人。他们必须获得对美和道德上的具有鲜明的辨别力，否则他——连同他的专业知识——就更像一只受过很好训练的狗，而不像一个和谐的人"。医学院校的专业教育给予学生的是生存的技术，但是属于社科领域的思想政治教育却可以给予他们看待这个世界和人生的方法论。

其次，从整个社会的角度看，思想政治教育的目标是形成更高的政治认同——培养大学生对社会主义核心价值观的认同，进而塑造完美的人格。这既是执政党的要求，又是时代发展的要求。

从这两个角度来看，思想政治教育对包含中医院校专业在内的所有大学生都是非常有必要的。

二、当前中医院校思想政治教育方面存在的主要问题

（一）当前中医院校学生存在的主要问题

当前中医院校学生的主要问题就是人文素养较差，主要体现在以下几个方面：

1. 心理承受力差

很多学生不同程度地存在心理障碍以致休学、退学，甚至自杀。在某中医院校大学生新生问卷的调查中，竟然有近四分之一的学生存在潜在的心理问题。

2. 自我意识强

现在的一些学生，个人倾向明显，目中无人，自我观念较强。在校园里，大声喧哗、说粗话的现象屡见不鲜。而医学是建立在治病救人、救死扶伤的利他主义上的，应着重培养学生对集体和社会的责任感。这些现象与中医校园文化显得格格不入。

3. 人文意识淡薄

受功利主义的影响，中医院校里一些学生重实用、轻思想，重眼前、轻长远，认为思想政治课程枯燥乏味，没有实际意义，对自己的人生没有太大的作用，因此课上表现消极，旷课现象时有发生。再加上医学院校的学生学

业课程任务较重，专业课占据了其大部分时间，思想政治课更无暇顾及，学生不关心政治、不关注时事，因此学生的人文素养意识淡薄。

（二）当前中医院校思想政治课程存在的主要问题

1. 教育内容和形式较为僵化

中医院校思想政治教育课程和其他高校如出一辙，教育模式也和其他高校的一样，把脱离了中医药文化特色的知识强制灌输给学生，导致学生兴趣不高，消极怠工，从而影响了整个中医药学生综合素质的提高。

2. 教师队伍缺乏专业性

高等中医院校的思想政治教师大多毕业于综合性大学或者师范院校，具有丰富的学科专业知识，但却缺乏必要的中医药学知识，无法很好地将中医优秀文化和思想政治理论进行结合。

3. 高等中医院校思想政治教育地位较为尴尬

近两年，随着国家对意识形态领域工作的高度重视，思想政治教育的受重视程度逐渐提升，但作为非专业课，思想政治教育在医学院校里面相对于专业学科受到的重视程度稍显尴尬，这是很多包括中医学院类等专业性较强的大学里存在的共同现象。

4. 思想政治教育科研成果水平有待提高

思想政治教育成果往往呈现周期性长等一些软性特点，再加上缺乏有效的考评体系，因此教育过程往往处于被动状态，趋于表面化。而中医院校的思想政治教育的各项科研能力和成果相对于其他综合性和文科院校差距较大。

三、加强中医院校大学生思想政治教育的对策

针对以上问题，中医院校的思想政治教育工作有待改进，以下是笔者的几点建议：

（一）寓中医药文化于思想政治教育工作中

作为中国传统文化的重要组成部分，中医药文化蕴含了丰富的德育资源。

中医文化里的伦理观，例如"仁""和""精""诚"这些蕴含在中医理论中的人文智慧，是中医院校独有的宝贵财富。中医院校的思想政治教育建设工作应借助于中医药学理论和其人文特质这个重要的切入点，提升学生的道德素养，培养学生的人文精神，塑造拥有正确人生观、价值观、世界观的符合现代化建设要求的高素质中医药人才。

（二）加强中医院校学生职业精神的培养

长期以来，我国的医学院校教育过分关注专业知识与技能的培养，忽视医学职业精神的培养，职业精神和专业教学的脱节较为严重，导致学生职业观念发生偏差。毕业后的医学生对待病人缺乏基本的人文关怀以及缺少对社会和患者的责任心，使得社会对医师群体产生了信任危机。因此高等中医院校思想政治教育要突出"博及医源，厚德载物"的职业精神的培养，借助思想政治教育在价值引导与人格完善等方面的功能优势进行系统的职业精神教育，将思想政治教育贯穿于职业精神教育的始终。这样，既能满足医学人才的培养目标的要求，也是坚持以人为本、全面协调可持续发展的科学发展观在医学院校要求的体现。

（三）加强教师职业精神的培养，培养教师人格魅力

培养学生的道德修养，还需要培养教师的职业素质，不断提高教师的人格魅力。而这种人格魅力归根到底是由教师的能力决定的。这要求教师能够认真钻研业务，所讲授的思想理论既要有足够的深度和广度，又要能够吸引学生的注意力。只有教师本人对自己讲述的理论在授课过程中充满信心，保持热情，用真心感染学生，才能真正教会学生用理论解决现实问题，让学生体会到政治理论对学习和生活的指导作用。

（四）改革思政教育形式，完善思政教育的考核机制

1.采用多种教学形式，培养学生综合能力

在思想政治教育授课的过程中，不仅要结合具有学校人文特质的案例、热点等问题进行讲授，同时还要采取各种教学形式，包括课堂讨论、课外阅

读、小组讨论等，注重培养学生的理解能力。还可以采用与相关学科以及专业的社会实践、社会调查报告等形式，培养学生在实践中解决问题的社会能力，激发学生对承担社会责任、履行社会义务的责任感。

2. 全程对学生的表现进行细致的考核

可将出勤、课堂表现、调查报告、论文、期末考试等环节纳入考核范围，成绩考核不再局限于课堂。

3. 创建调查报告组和学习组

通过创建团体并进行团队评比，激发学生自我管理的能力，从而激发学生的积极性。因为团队成绩依据的是团队成员的表现，表现积极的学生，不仅会努力做好自己的事情，还会帮助团队其他成员。平时不善于表现自己，比较消极的学生，在团队的压力下，也会转变自己的学习态度，融入团体活动中去。这种团队模式既能实现学生的自我教育，又可以培养学生的团队意识和集体责任感，教学效果较为良好。

（五）加强学校对于思政教学的关注，加大力度构建有利于思政教学发展的人文环境

思想政治工作作为整个中医院校人文教育的核心，其工作内容涉及各个部门的系统工作，学校领导应加大对思想政治工作的重视和关怀，切实改善学院思想政治工作的工作条件，从办公场所、报刊资料、科研经费等方面一一落实。着力打造中医药特色的校风、学风，营造中医药学院充满浓厚中医药文化氛围的和谐校园环境。同时，借助中医文化的先进理念，丰富校园文化形式，通过讲座、校园网络等形式将思政教育渗透到学生日常教学和管理中去，培养学生形成正确的思想意识。

在变化日新月异的今天，作为教师我们应更加积极地去拓展中医院校思政教育的人文内涵，紧跟时代步伐的要求，不断挖掘新的教学方法，培养越来越多优秀的中医药人才。

第四章 自媒体时代高校思想政治教育建设

第一节 运用互联网加强高校思想政治教育工作

如今是信息爆炸的时代，互联网的出现和迅速发展促使其在当前社会的发展中发挥出越来越重要的作用，在教育事业中亦是如此。在高校思想政治教育工作中，互联网发挥的主要作用已经成为未来高校教育事业发展的趋势。分析互联网事业在高校思想教育工作中的运用情况，并且探讨改善互联网在高校思想教育工作中运用的措施，以期能够为促进我国高校思想教育工作发展提供一定的帮助。

互联网的强大影响力不仅表现在广大的大学生群体中，还对高校的教育事业产生了重要的影响，为当前高校的教育事业提出了新的挑战。思想教育是当前高校教育中需要着重发展的方面，然而在教育模式上已经不能仅仅局限于传统意义之内，应该结合当前的时代流行元素——互联网，分析学生的主要特点，促进高校思想教育工作的开展。

一、高校互联网思想教育概述

互联网涉及的信息量巨大，覆盖范围极为广阔，其开放的程度非常受到学生的欢迎，也已经日益成为高校思想教育工作中新型的合作对象。互联网思想教育能够使用先进的网络技术为教育事业的发展带来新的机会，不断发挥网络自身存在的积极性作用，为学校教育的发展创造新的环境，提供新的发展机遇。另外，在高校互联网思想政治教育过程中，网络生动性特点能够有效吸引学生的目光。互联网技术涵盖了许多多媒体技术的相关特征，其中图像和文字等能够为思想政治教育事业的发展增加许多的优势。学生在思想政治课堂上，不只是局限于一些理性的知识内容，还可以利用互联网技术来补充感性成分，这样能够在学生的心中留下更加深刻的印象。图像和影视等资料能够在很大程度上为学生建立起身临其境的感觉，使得学生能够实际了解到现实生活中思政教育的体现所在，网络技术能够为思政课程教育的展开提供服务。除此之外，高校的思政教育工作会因为互联网的加入而变得更加具有亲和性。在思政教学过程中，教师可以在课余时间通过网上聊天工具和学生取得联系，了解学生思想方面的动向，还能够针对出现的问题及时进行分析和探讨。因此，网络交通工具能够及时缩短学生和教师之间的距离，给大学思政教育工作增添亲和力，提升教学水平。

二、高校思想教育中运用互联网的意义

在高校思政教育工作中结合互联网技术，不但能够为规范学校思政教育工作提供重要帮助，还能够促进学生建立科学的价值观。当前许多大学生在成长环境等方面和以往的大学生存在着不同之处，导致教育工作在展开的过程中存在着巨大的矛盾，前后出现相互不搭的情况。学生如果没有科学的思想观念，也会给高校思想政治教育工作带来不良影响。互联网作为当前社会的高新技术和信息集合，能够运用自身的优越条件来为高校思政教育工作增添活力。高校还需要分析学生的性格特点和当前的流行元素，结合高校思政教育工作的现状，帮助学生和教师之间形成和谐的关系，促进高校教育事业的健康发展。

三、改善互联网在高校思想教育工作中运用效果的措施

（一）培养科学的网络观

互联网的世界充满着未知性和吸引力，对于学生在思想和观念方面能够

产生重要的影响和作用。在当前的高校生群体中，个性的发展越来越鲜明和普遍，很多学生对于自身个性的追求极为看重。互联网能够为广大大学生在张扬个性的过程中提供重要的场所。高校大学生能够通过网络获取许多信息，而其中不免有一些信息存在着不健康或者是消极的意味，这对于大学生在世界观的形成上存在极大的阻碍作用。所以，在高校思想政治教育工作中，需要结合互联网的重要作用，帮助学生培养科学的网络观，这样才能推动高校的思政工作建设，帮助学生在未来的人生规划中不至于走弯路。

除此之外，互联网能够让学生自主选择自身的发展方向，恰当利用网络上的各种资源，使学生的课余时间不断得到丰富。同时，教师在展开思政教育工作的过程中，可以利用互联网来及时了解学生日常的网络活动，帮助学生了解自身对于互联网的需求情况，还能够形成和谐的关系，有利于思政教育工作的展开。

（二）构建教育专门网站

网络技术已经日益发达起来，在高校思政教育工作中，互联网能够为师生之间提供良好的交流平台。由此，高校思政教育工作专门的网站成了辅助高校教育事业发展的重要工具，真正实现了政治教育工作的网络化建设。目前，我国有很多高校都开始建立了教育网站。但是，这些网站在实际的运用过程中并没有得到学生的密切关注。其主要原因在于这些网站没有有效结合互联网和高校教育的优势，没有成功吸引学生的眼球，也就不能得到广泛的关注。因此，如何发挥网络技术的重要优势，在建立教育网站之后成功吸引学生的注意力是改善高校思政工作建设的重要一点。首先，在网站的内容和形式的设计上不能枯燥无味，应该充分利用网上的各项资源，例如图片和音频等，这些都能够在很大程度上增加该网站的关注度。其次，学校在规划网站内容的时候应该加强网站的亲和性建设。例如学校在经营这个网站的时候，可以结合实际生活中的实例，将学生和教师身边发生的具有积极教育意义的事件进行报道，发挥榜样的激励作用。最后，高校组织网站建设的时候，还可以不定时举行关于思政网络视频设计大赛，要求学生结合教育和网络的特点进行设计，进而达到提升网络文化建设的作用，促进高校思想政治工作的建设。

（三）规范学生的上网秩序

我国高校在思想政治教育工作的展开过程中，形成了两种类型：一是，传统意义上的思想政治教育；二是，互联网思想教育政治。信息技术对于这个社会的影响已经十分广泛，高校教育领域也成为互联网影响社会的重要方向。互联网对于高校学生在言行举止和思想方面的影响已经十分广泛，其中不乏出现一些消极的影响。互联网涵盖了大量的信息，很多人因为互联网技术的影响产生的一些犯罪行为是互联网消极影响的典型案例。因此，如何规范学生的上网秩序是发展高校互联网思政教育工作的重点所在。首先，相关的国家部门需要加强对于互联网的立法工作，约束高校大学生日常的互联网活动。其次，高校需要及时建立互联网的管理规范。将大学生的学习和高校教育工作人员的工作进行结合，帮助大学生建立科学的互联网活动。在高校互联网思政教育工作建设中，进行制度建设属于高校互联网建设当中较为重要的内容，还需要在学生互联网思政教育事业建设中进行体现。最后，学校还需要进行文明上网以及健康上网的互联网文化建设。学校还需要在校内展开一系列的活动，帮助学生了解文明上网等的重要性，进而促进学生在互联网活动中能够找到最佳的位置，建立文明的上网习惯。

信息技术能够为推动高校思政教育工作发展发挥重要作用。以目前高校互联网在思政教育工作中的主要影响情况可知，该技术能够实际为思想政治教育工作拓宽工作渠道，灵活创新教学形式，帮助学生建立更加牢固的学习信心，在未来的学习过程中能够具有更强的探索性，提升学习效果。

第二节 "微时代"背景下思想政治教育的导向功能

在以微信、微博、微电影等信息传播、交流媒介为基础的"微时代"的影响下，人们的思想观念和行为意识开始发生变化，深刻认识并理解当前思想教育工作所处的环境和条件，在确保国家政策方针基础上，与时俱进，是保证和促进"微时代"背景下思想政治教育导向功能得以最大化发挥的关键。

以网络及信息技术为基础的"微时代"，潜移默化地改变了人们的生活，影响着人们思想观念的形成和行为意识的变化，同时，也改变了传统单一的文化环境的教育方式。在人们开始习惯甚至更愿意通过微信、微博等微信息传播平台进行意见表达、经验分享以及社会现状关注的"微时代"背景下，思想政治教育工作者积极适应与受教育群体所处环境，切实把握时代特点和优势，才能更好地将思想教育工作做到实处，确保思想教育导向功能更好地发挥。

一、发挥"微时代"背景下思想政治教育的导向功能

（一）发挥思想政治教育的思想导向功能

首先，要充分发挥思想政治教育的思想导向功能。思想政治教育的工作者要始终坚持在马克思主义理论指导下，紧密结合"微时代"的时代特征和环境变化，通过微平台的"微传播"方式，有效地将当前符合我国社会发展的思想政治教育内容传播给受教育者。尤其是在言论自由的"微时代"背景下，逐渐形成了追求个性、敢于表现和突出自我、敢于创新的自由群体。一个群体的形成，一定会有一个共同的群体意识，群体意识将群体内的各个成员都圈定在某一个范围内。在这个群体基础上，思想政治教育的工作者要紧抓群体特征，紧抓"微传播"手段，加强和改进当前思想政治教育途径和方式，促使个人在正确的思想政治教育内容影响下，不断增强受教育者的群体意识，使其积极自觉投入和投身到当前群体活动中，从而培养受教育者们的凝聚力和向心力。

其次，要充分发挥思想政治教育的政治导向功能。在"微时代"背景下，言论过于自由，思想政治教育受教育者接收到的相关信息及舆论更加多样化。与传统思想政治教育能够良好保证教育内容相比较，显然信息多元化的"微时代"无法更好地对信息进行筛选。在大量的信息冲击下，尤其是涉世未深

的受教育者在不具备正确的、完善的思想政治观念的情况下，"微时代"会对其造成许多错误的引导，从而使其养成自我意识过强、集体意识淡薄、社会责任感淡薄等错误的思想政治观念。

（二）发挥思想政治教育的行为导向功能

社会环境和社会文化决定了不同时代背景下思想政治教育的导向功能。就我国而言，在坚持马克思主义思想的前提下，我国形成了以优秀传统文化为基础，以社会主义荣辱观为表述的社会主义文化体系。发挥思想政治教育的导向功能，是通过有效的思想政治教育手段，对受教育者在思想、行为以及价值取向等方面进行指引，从而促使其在符合社会要求的同时促进个人发展。简单来讲，就是让思想政治教育形成正确的思想政治意识，从而影响受教育者的实际行为活动。

在"微时代"背景下，尤其是手机、平板电脑等便携式移动设备的产生和发展，为信息带来了新的传播途径和模式，人们更加热衷于通过各种网络微平台进行信息的传播和交流。思想政治教育工作要充分抓好"微传播"所带来的力量，充分利用微平台，将社会主义思想政治教育内容更好的应用到实际中，为受教育者解决实际问题提供强有力的基础和条件。将"微时代"作为思想政治教育工作的新机遇，将微平台作为思想政治教育的新载体，将"微传播"作为思想政治教育的新方式，在"微时代"背景下发挥思想政治教育的导向功能。

（三）发挥思想政治教育的价值观导向功能

对于思想政治教育受教育者来说，其大多数处于价值观构建阶段，对于相关信息的筛选和辨别能力十分有限。在"微时代"背景下，各种舆论和信息扑面而来，使得这些受教育者很容易接触到一些暴力、淫秽、极端的信息和内容，继而在其无法更好控制自己的基础上，逐渐被这些不健康或不正确的信息所影响，从而使正确的思想道德意识被覆盖。这就要求思想政治教育工作者要加强其对受教育者的思想道德教育以及自律教育，发挥"微时代"背景下思想政治教育的导向功能，引导和促进受教育者合理、健康地使用各类微平台以及软件，有效地通过自我监督和自我批评来抵制"微时代"背景下的不健康信息，切实地让"微时代"的思想政治教育起到弘扬社会主义核心价值观的作用。

二、"微时代"背景下思想政治教育导向功能的特征

与思想政治教育其他功能不同，思想政治教育的导向功能在伴随社会时代发展的基础上，以思想政治教育活动为基础，通过对受教育者思想、行为以及价值观的影响，不断促进受教育者个人的发展，其伴随着不同时代背景下的思想政治教育发展而变化。在"微时代"背景下，越来越多样的教育方式和文化环境，使思想政治教育导向功能表现出更为明显的特征。

（一）现实和虚拟并存

思想政治教育工作者对受教育者进行思想政治教育，影响受教育者的思想意识、行为意识以及价值取向，促进个人发展或社会发展，是思想政治教育导向功能发挥的主要内容。由于思想政治教育的导向功能受到思想政治教育的具体内容影响，而思想政治教育的具体内容一般会跟随社会背景、文化环境的变化而变化。因此，思想政治教育的导向功能可以理解为是通过虚拟的思想教育，对受教育者进行正确的思想政治观念灌输，从而使其树立正确的思想意识，解决实际中出现的问题。

在"微时代"背景下，思想政治教育导向功能这一现实和虚拟并存的特殊教育方式并没有发生实质上的变化，思想政治教育导向作用的发挥仍然要以受教育者所处的社会现实以及实际问题为出发点，从而通过虚拟的思想政治教育方式来解决实际问题。

（二）隐性和显性并存

传统思想政治教育导向功能发挥的条件，是要求思想政治教育工作者通过课堂或者具体讲座来对受教育者进行正确思想观念的培养。在以信息技术和网络技术为基础的"微时代"背景下，传统单一枯燥的思想政治教育学习

方式面临着巨大的改变，受教育者可以简单地通过微信相互间的交流，或者通过微博中舆论传播所带来的的影响进行隐性的思想政治教育，从而发挥思想政治教育的导向功能。隐性和显性并存的学习方式，是"微时代"背景下思想政治教育导向功能不同于其他功能的特殊之处。

（三）针对性和灵活性并存

"微时代"背景下思想政治教育导向功能的针对性和灵活性是针对思想政治教育工作方式而言的。一般来讲，在思想教育工作者对受教育者进行思想教育的同时，通常是有具体教育内容、教育目的以及教育计划的，也就是说教育工作具备针对性。但在"微时代"多元化社会背景下，对任何一名受教育者都通过简单单一的教育工作方式来发挥思想政治教育的导向功能显然是不符合社会发展要求的。因此，在确定具体思想教育方向的基础上，即符合社会发展要求的基础上，结合具体实际条件和环境，通过灵活且合适的工作方式，来完成具体思想教育工作，即"微时代"背景下思想政治教育导向功能具有针对性和灵活性并存的特征。

三、制约"微时代"背景下思想政治教育导向功能发挥的因素

（一）"微时代"信息多元化背景下缺乏对信息的正确筛选

在传统教育环境下，思想政治教育信息的传播主要依靠课堂上老师对学生的自上而下的僵硬式灌输，因此在"微时代"背景下信息传播方式的多样化转变显得尤为突出。信息的多元化，影响了教育方式的转变，传统硬灌式的思想政治教育开始转变成灵活的多媒体教学，交流式教学也逐渐开始走进课堂。在传统思想政治教育环境下，除了课堂教育，课下几乎不存在其他方式的学习和教学；在"微时代"背景下，受教育者可以通过微博、微信等多种网络平台进行信息的获取，从而获得相应的思想教育内容，但是这些信息并非都是正确、健康的，其中充斥着大量不健康且错误的信息。在这种情况下，尤其对于思想观、人生观以及价值观仍然处于形成阶

段的受教育者而言，由于没有完全正确的辨别和判断能力，加上网络或平台本身也并不存在信息筛选能力，这些受教育者很容易受到错误及不健康信息的影响，形成错误的思想政治观念，从而制约思想政治教育导向功能的发挥。

（二）"微时代"背景下思想政治教育工作者教育导向作用发挥不足

在传统教育中，思想政治教育工作者的工作内容、方式以及其自身作用都非常明确。伴随社会的发展，传统死板的思想政治教育工作方式受到了"微时代"的严重的冲击，新时代的受教育者更倾向于通过微电影、微视频、微信、微博等方式来学习相关的思想政治教育内容，而许多思想政治教育工作者由于受传统思想的影响，其教育方式仍然止步于日常课堂教学。有些思想政治教育工作者本身习惯于电视、广播、报纸等传统信息传播媒介，对于"微时代"下各类"微传播"方式并不熟悉，并不会通过这些"微传播"方式来进行思想政治教育工作；还有些思想政治教育工作者在建立相应思想政治教育平台之后，无法有效利用平台优势，只是对相关内容进行简单的编辑和发布，等同于让受教育者换个方式"看书"，并没有真正发挥"微传播"优势。这一问题很大限度限制了在"微时代"背景下思想政治教育工作者导向作用的发挥。

在思想政治教育工作者中，不乏有一些年轻的成员，他们熟悉并热衷于利用"微传播"来进行思想政治教育工作，但是面对"微传播"复杂的信息交流以及舆论力量，这些工作者们本身的思想、心理也受到了冲击，有些思想意识程度不高的教育工作者们很容易在思想上受到影响，并且动摇，从而影响其在日常思想政治教育工作中导向作用的发挥。

（三）"微时代"背景下网络多媒体发展带来的娱乐化加重

就"微时代"本身来讲，人们可以即时将所见所闻以及所想编辑成文字、图片、视频信息并传送给任何人，实现相互交流。而越来越方便、快捷的信息交流，逐渐将人们的日常生活更加随意化、娱乐化。在当前"微时代"发展环境下不难看出，"微时代"所代表的是更具简洁化、生活化、娱乐化以及草根化的信息传播和交流方式，对于专业的思想政治教育内容很少有涉及，许多新闻或信息为了适应当前时代变化和大众需求，开始转变原本以思想政治教育为基础的内容设置，转而添加越来越多毫无学术概念的娱乐性信息和新闻，使得"微传播"之下的思想政治教育十分尴尬。同时，在"微时代"信息飞速传播条件下，繁衍出了大量以娱乐为主的应用软件和程序，这些娱乐性的软件和程序将许多思想政治教育的工作者以及受教育者都吸引过来，使其沉迷其中，忽视了思想政治教育内容的传播和学习，从而无法使思想政治教育的导向功能在"微时代"背景下得以发挥。

（四）"微时代"背景下话语权的过于自由化

在传统社会环境下，言论自由始终是在符合社会要求的思想政治教育内容之下的言论自由，通常都是社会共同价值观的体现，而"微时代"为大众提供了言论的新空间和新平台。在不需要真实信息验证的微平台上，人们可以"充分发挥"其言论自由的权利，畅所欲言。思想政治教育工作者们或者微平台都无法对这些言论进行阻止和筛选，从而在"微时代"发展环境下，很容易丧失话语权。

尤其是在一些思想观念"超前"的人们面前，一些人充分利用微平台"微传播"的力量，将自己塑造成为一个伟大的"思想领袖"，用自己的思想政治观念影响他人。假如这些思想政治观念都是正确的、积极向上的也罢，而事实却并非如此。许多"思想领袖"为了扩大自己的知名度，刻意地将一些极端的、歪曲的思想进行美化和学术化，使得真正正确的思想政治教育在其面前十分被动。对于思想政治教育受教育者而言，在其未接触到相关思想政治教育内容的基础上，很大可能会受到这些错误舆论和思想的影响，从而形成错误的思想政治观念，影响其发展；或者由于两个不同观念，质疑其本身所学习的正确思想政治教育内容。这些都阻碍了"微时代"背景下思想政治教育导向功能的发挥。

四、"微时代"背景下发挥思想政治教育导向功能的途径

（一）要坚持中国共产党的领导，坚持社会主义核心价值体系和价值观

"微时代"将言论自由这一概念不断扩大化，人们在各种舆论和言论的冲击下，形成了多元化的价值观念。思想政治教育是有效保证社会稳定的思想基础，在微信、微博、微电影等"微时代"的"微传播"力量强大的今天，始终坚持中国共产党的正确领导，坚持社会主义核心价值体系和价值观的引领作用，确保思想政治教育方向不发生错误。在与时俱进的基础上，利用"微手段"将正确的思想政治观念深入到受教育者头脑中，将马克思主义中国化的成果深入到受教育者的头脑中，抵制"微传播"不健康信息，坚定思想政治信仰。

（二）加强"微时代"背景下思想政治教育工作者建设

思想政治教育工作者在传统的思想政治教育工作中积累了丰富的经验，但这对于"微时代"背景下发挥思想政治教育导向功能是远远不够的。"微时代"背景下思想政治教育工作者们要摆脱传统教育理念对其思想上造成的局限性，要进一步提高自身专业素养，在紧跟社会发展步伐、结合时代背景的条件下，树立新的工作理念；提升自身运用微平台的能力，进一步完善在课堂之外的思想政治教育工作和体系；要加大对于相关信息和内容的审核力度，确保信息的健康和正确性。

（三）积极把握"微时代"特征，建设和优化思想政治教育文化平台

建设思想政治教育文化网络平台，是思想政治教育工作顺应时代发展，积极应对时代变化和受教育者需求的举措。思想政治教育文化网络平台的建设，并不是简单的教育信息及内容的展示，而是需要教育工作者们充分利用平台优势，例如充分运用实时交流、微视频等工具，加大课堂之下网络平台之上的思想政治教育的灵活性，通过堂上堂下、线下线上的教育方式，提升"微时代"背景下思想政治教育工作的实效性。

（四）完善"微时代"的监督和约束体系

"微时代"背景下，五花八门的信息内容冲击着人们的视觉，甚至潜移默化地影响着人们的思想意识。"微时代"背景下思想政治教育的导向功能的发挥，关键在于对信息的有效监控。要有效地提高管理人员的信息监控和舆论防控能力，同时提倡网络微平台等的信息合理公开和保密，进而净化"微时代"背景下的新闻环境，优化整体社会大环境。

第五章 红色文化教育的价值解读

第一节 理想信念的导向价值

理想信念是主体对客体持久稳定的确信心态和价值认同，是价值意识活动的调节中枢和最高主宰，是世界观、人生观、价值观的最高统摄，是选择精神追求的最高准则。理想信念是一个人世界观、人生观和价值观的深层凝聚，从本质上反映着人的思想意识、精神面貌、价值追求。以共产主义远大理想和中国特色社会主义共同理想为核心内容的革命理想，是决定中国社会主义事业成功的思想基础和行动指南。红色文化以马克思主义为指导，以共产主义最终奋斗目标为核心精神，充分彰显着共产党人、革命战士和人民大众打破旧社会、建立新社会、创造新生活的美好愿望。红色人物、红色事件以及红色精神中包含的理想信念是新时期加强理想信念教育的重要素材，弘扬红色文化有助于引导人们坚定马克思主义信仰，坚定革命理想。

一、共产主义理想是红色文化的灵魂

共产主义是人类社会经过相当长的时间才能实现的理想社会形态，也是人类对未来的美好憧憬和向往，成为社会进步和人类发展的根本指针。我们党就是通过把共产主义这一崇高理想熔铸在建设中华民族新文化的生动实践中，而动员、组织和凝聚起最广大的劳苦群众，克服重重困难，取得了革命、建设和改革的一个又一个伟大胜利。红色文化是以共产主义为指导的中国先

进文化的优秀代表和集中体现，而共产主义是红色文化的灵魂，是红色文化历久弥新、永放光芒的内在精神引领。

（一）共产主义是人类社会最高理想

共产主义是人类最进步、最美好的社会制度，是人类最崇高的社会理想。马克思通过"两个伟大发现"，即唯物史观和剩余价值学说，实现了社会主义从空想到科学的发展，预测了人类社会发展的总趋势，提出资本主义必然灭亡、共产主义必然胜利的科学论断，为无产阶级革命斗争指明了前进方向。共产主义不仅是一种政治理想和社会制度，也是一种消灭现存状况，特别是消灭资本主义私有制的富有革命性变革意义的重大社会实践。共产主义是关于无产阶级解放的条件的学说，实现包括无产阶级在内的全人类的解放是共产主义革命的最高理想和最终奋斗目标。以马克思主义为指导的无产阶级和广大劳动群众进行革命斗争的历史使命和奋斗目标，就是建立共产主义社会，实现全人类的彻底解放。共产主义社会的基本特征表现为以下几个方面：第一，社会生产力高度发展和物质财富极大丰富；第二，实行社会公有制和按需分配；第三，经济的计划调节管理和商品经济的消失，进入产品经济形态；第四，阶级的消灭和国家的自行消亡；第五，全体社会成员都具有高度的思想觉悟和道德品质，人们的精神境界极大提高。

共产主义社会是人超越异化状态、克服必然性的束缚和纠缠、从"必然王国"真正迈入"自由王国"的历史阶段，是人的本质力量充分彰显、人充分占有自身本质力量的历史阶段，也是人走向自由而全面发展的历史阶段。人的自由而全面发展是共产主义社会的本质性规定和根本特征。马克思根据经济形态的演变，把人类社会划分为自然经济、商品经济和产品经济三大阶段。与此相对应，人的发展呈现出人的依附性、人的相对独立性和人的自由个性三个阶段。共产主义社会处于产品经济阶段，因而是人的自由个性充分发展的历史阶段。正如马克思、恩格斯在《共产党宣言》中科学预测的那样："代替那存在着阶级和阶级对立的资产阶级旧社会的，将是这样一个联合体，在那里，每个人的自由发展是一切人的自由发展的条件。"人的自由而全面发展，是与无产阶级的解放乃至全人类的最终彻底解放相一致的，是马克思主义的最高理想，也是共产主义崇高理想的本质体现。推动和实现人的自由全面发展是马克思主义关于建设社会主义新社会的本质要求。总之，共产主义理想是建立在人类社会发展规律之上的科学的社会理想。共产主义信仰是最科学的信仰，是无产阶级政党的精神支柱和奋斗目标，也是无产阶级文化价值观的集中体现。有没有崇高而一贯的共产主义理想信念，是区分一切无产阶级政党和非无产阶级政党的根本标志，也是检验一切无产阶级政党先进性的试金石。中国共产党的性质决定了必须以实现共产主义作为最高理想和最终奋斗目标。共产主义信仰的纯洁和坚定，是我们党保持纯洁性和先进性最根本的立足点。

（二）共产主义理想是红色文化的精髓

红色文化是我们党思想精神上永不褪色的旗帜，崇高而坚定的理想信念就是这面旗帜永恒不变的背景色。崇高的共产主义理想是红色文化最为重要也最为根本的精神内核，是红色文化发展壮大的基石。一部红色文化发展史，就是一部中国共产党人为理想而战、为信念而守的壮丽史诗，生动记述着我们党把美好理想变成现实的稳健足迹。中国共产党自成立之日起就以实现共产主义作为最高纲领，坚定中国革命必然胜利的信心，并召集成千上万的劳苦大众向着共同的理想团结奋进。当共产主义理想信念成为中国劳苦大众的共同意识时，成为他们向往追求的共同目标时，这一理想信念也成为全社会共同的价值观念，把人们紧紧地团结起来。也正是由于理想信念的支撑，共产党人和人民群众在中国革命和建设的历史进程中都会拥有红色的灵魂，这灵魂不会因为生命的消亡而逝去，却将因为理想信念的坚定而保持永恒的红色精神。

革命战争年代，无论革命形势如何变幻，中国共产党人始终坚守真理，不怕牺牲，面对生死抉择时，发出的惊天地、泣鬼神、气贯长虹的浩然之气。从而可以看出共产主义理想的力量，也可以看出信念熔铸的一个个高尚的灵魂。正是凭借这种理想和信念，中国共产党人和中国人民谱写了中华民族自强不息、顽强奋进的壮丽史诗，中国人民的面貌、中国共产党的面貌、社会主义中国的面貌发生了历史性变化。红色文化本身不仅告诉人们应该树立远大的理想，而且也告诉人们要自觉为这一理想而艰苦奋斗。进入和平建设与改革开放新时期，无数共产党人为了国家富强和人民幸福继续艰苦奋斗、顽强拼搏，靠的仍是崇高的理想和坚定的信念。从共产主义战士雷锋到大庆"铁人"王进喜，从人民的好县委书记焦裕禄到新世纪的优秀干部郑培民……正是共产主义崇高理想和坚定信念让这些优秀的共产党人有了高尚的精神境界和精神追求，写下了社会主义革命和建设的灿烂乐章。反之，如果我们淡化、削弱抑或丢掉了共产主义这一精神支撑和目标指引，我们就失去了最为根本最为宝贵的东西，我们的事业就会陷入曲折，甚至走向邪路。

二、红色文化是马克思主义信仰教育的重要载体

（一）红色文化为马克思主义中国化提供文化支撑

马克思主义是中国共产党人精神家园的理论基石。红色文化是在马克思主义指导下，是在革命战争时期形成的一种独特的民族新文化形态，本质上是我们党倡导和推动建设的先进文化。红色文化不仅是马克思主义中国化、时代化、大众化的结晶，而且反过来也进一步推动了马克思主义中国化、时代化、大众化，使马克思主义在中国展现出更加强劲的时代魅力。

马克思主义的传播和发展，为近代中国植入了一种崭新的理论体系和思维方式，也使中国传统文化获得了新生，客观上为中华民族新文化的创立和发展提供了一整套理论思维模式，也使中华民族站在了一个更高的历史起点上。一个民族要想站在科学的最高峰，就一刻也不能没有理论思维。同样，一个民族要屹立于世界先进民族之林，一刻也不能没有理论思维；一个政党要站在时代前列并引领时代潮流，一刻也离不开理论指导和理论发展。红色文化的生动实践，凝聚着中国共产党人、革命战士、先进知识分子和广大人民群众坚定的马克思主义信仰和敢于胜利的革命信念，推动马克思主义科学理论进一步同中国革命实践、中国历史和中国文化更加紧密地结合起来，提升了中国人民的文化自觉和文化自信。

正是在红色文化引领下，我们党以思想文化的新觉醒，促进了马克思主义中国化的三次飞跃，第一次产生了毛泽东思想，第二次形成了中国特色社会主义理论体系，新时期习近平新时代中国特色社会主义思想实现了马克思主义中国化的新飞跃。红色文化成为孕育中国化马克思主义的精神文化高地。以毛泽东为代表的中国共产党开辟了一条中国特色革命道路，确立了党对军队绝对领导和通过整风形式加强党的建设等重要原则，提出了社会主义改造理论，成功实现了从新民主主义社会向社会主义社会的过渡，形成了毛泽东思想的完整体系。改革开放以来，红色文化的发展焕发出新的生机活力，红色文化的思想内涵贯注于中国特色社会主义理论体系全过程。红色文化的传承发展科学地揭示了马克思主义与中国革命和建设实际相结合的历史进程及其规律性、必然性，使人们坚定马克思主义信仰是一种科学的信仰，信仰马克思主义就是尊重百余年来中国人民的英勇抗争史，就是珍惜今天来之不易的幸福生活。

（二）弘扬红色文化，传承红色基因有利于引导人们坚定马克思主义信仰

红色文化是具有中国特色的先进文化、民族文化，是实践特色、民族特色和时代特色的集中体现，既有特定条件的特定内涵，又富有价值永恒和与时俱进的普遍意义。对马克思主义的信仰，是中国革命胜利的一种精神动力。红色文化见证了我们党坚持马克思主义并结合实际创造当代中国马克思主义的伟大历程，蕴藏了丰富的资源。弘扬红色文化可以使马克思主义理论教育更加直观生动，更加贴近现实生活，有助于广大群众在实践中体悟马克思主义理论的真谛，自觉用马克思主义理论武装头脑。

首先，红色文化是对人们进行马克思主义理论教育的有效方式。当下，马克思主义理论教育通俗化、生动化、形象化的工作做得不到位，存在照本宣科和空洞说教多、联系实际和宣传形式少等问题，缺乏生动活泼、群众乐于接受和喜爱的方式来创新理论传播，导致马克思主义在大众中的影响力、吸引力日渐式微。红色文化在革命战争年代对促使马克思主义理论走向通俗化、生动化发挥着举足轻重的作用，在今天这个物质生活富裕、精神需求日益高涨的社会里仍然如此。每一首红歌、每一处红色遗址、每一个红色经典

故事都展示了中华民族在前进道路上的伟大业绩，铭记着一段历史，体现了一种精神。通过开展红色文化活动，不管是全国范围内的活动，还是地方省市组织的中小活动，抑或群众自发组织的民间活动，综合运用电视短片、现场串讲互动、背景音乐等形式，坚持思想性与艺术性、大道理与小节目的有机统一，生动形象地体现了马克思主义的道义力量和人文关怀，体现了中国特色社会主义理论体系蕴含的真、善、美，取得了"润物细无声"的教育效果。此外，近年来出现的红色经典改编热潮，融入了时尚元素，推出红色主旋律影视剧；为配合红色旅游，各地纷纷利用新媒体建立红色网上纪念馆，正在开启红色文化的网络之旅。实际上，通过各种各样的红色文化传承活动，当代中国马克思主义大众化做到了从灌输式的说教到渗透式的感召、从单向到双向互动、从封闭到开放的转变，实现了从抽象枯燥向生动、感性、趣味化的转变。

三、红色文化有助于引导人们树立共同理想

中国特色社会主义是当代中国发展进步的根本方向，集中体现了最广大人民的根本利益和共同愿望。中国特色社会主义既符合科学社会主义的基本原理，同时又具有中国的特点。中国特色社会主义共同理想是凝聚全党全国各族人民的共同思想政治基础。在当代中国，只有中国特色社会主义才能超越阶层分化的界限而凝聚和调动起最广泛最充分的力量，也只有中国特色社会主义才能抵御各种错误思潮和模糊认识的干扰和阻挠从而发挥"定海神针"的作用，为改革开放和社会主义现代化建设指明前进的正确方向。红色文化建设的生动画卷，描绘着中国人民选择和走上中国特色社会主义道路的历史必然，是中国特色社会主义共同理想形成、铺展的文化根基。

（一）红色文化见证了"只有社会主义才能救中国，只有中国特色社会主义才能发展中国"的历史必然性

一部红色文化发展史，见证了中国特色社会主义道路的开辟、中国特色社会主义理论体系的形成和中国特色社会主义制度的确立。红色革命道路与

中国特色社会主义道路，红色革命理论与中国特色社会主义理论，红色革命制度与中国特色社会主义制度有着前后承继性的关系。红色文化中"真"的蕴含，就在于红色革命道路及其理论、制度的合理性、合规律性。

红色文化的思想内涵和精神实质深深地贯注于中国特色社会主义理论体系中。红色文化建立在我党我军红色政权建设实践之上，在社会主义建设和改革时期得到发展完善。以江西瑞金为中心的中央苏区为标志，我们党开始了创建红色政权、进行局部执政的新时期。从中央苏区到陕甘宁边区以及广大的根据地、解放区，我们党把马克思主义的国家学说和政权理论与我党革命斗争的具体实际结合起来，初步建立起了大量的富有中国特色、地方特点和人本特性的政策制度、法律条例等等。新民主主义革命的胜利和社会主义制度的建立，为当代中国发展进步奠定了根本政治前提和制度基础。人民代表大会制度这一根本政治制度，中国共产党领导的多党合作和政治协商制度、民族区域自治制度以及基层群众自治制度等构成的基本政治制度，中国特色社会主义法律体系，公有制为主体、多种所有制经济共同发展的基本经济制度，以及建立在根本政治制度、基本政治制度、基本经济制度基础上的经济体制、政治体制、文化体制、社会体制等各项具体制度，共同构成了中国特色社会主义制度体系。红色政权实践及其制度探索，是中国特色社会主义制度确立和完善的源头。总之，从旧中国封建专制到人民民主，从一盘散沙到团结和谐，从封闭落后到开放自信，从温饱不足到总体小康，从满目疮痍到成为世界第二大经济体，从备受凌辱到重返国际舞台等，这些独具特色的"中国速度""中国传奇""中国模式"说明了只有社会主义才能救中国，也只有中国特色社会主义才能发展中国。

（二）弘扬红色文化有助于引导人们坚定走中国特色社会主义道路的信念

坚定不移为建设中国特色社会主义而奋斗，实现中华民族的伟大复兴，这是我们党和广大人民群众的共同愿望。利用红色文化优势，有益于凝聚全党全社会的意志和力量，坚定中国特色社会主义信念。"中国革命必定胜利，共产主义必然实现"，这是中国共产党和广大革命志士孜孜追求的理想信念。实现共同理想是人们参与政治共同体和参与组织活动的最终目标和行为动机。

坚定的信念是红色文化得以维系发展的基础。红色文化的历史表明，共同的理想信念在不同历史时期具有不同的表征。土地革命时期，党的阶段性目标是打土豪分田地，建立苏维埃政权；抗日战争时期的共同理想是实现国共两党合作，实现民族独立；解放战争时期的理想目标是建立新中国，进而使中国人民"站起来"；改革开放时期的共同理想是使中国人民"富起来"和"强起来"。我们党正是依靠这种坚定的信念才能统一全党意志，团结广大人民，凝聚社会力量，才共同创造了中华民族的辉煌成就。进入新世纪，我们党又提出了坚定走中国特色社会主义道路，全面建设小康社会，构建社会主义和谐社会的奋斗目标，这是时代的要求和历史的选择。

建设中国特色社会主义是中国共产党在社会主义初级阶段的基本纲领，在当下又充分反映了最广大人民群众的共同心愿和利益要求，得到广泛的社会认同，是中华民族全体人民追求的共同理想。我们党提出构建社会主义和谐社会，就是要在中国特色社会主义建设事业发展的历史征程中实现社会和谐，在社会和谐中更好更快地发展中国特色社会主义事业，实现伟大的民族复兴。历史表明，中国特色社会主义是实现中国快速发展的必由之路和成功之路，也是实现社会和谐的必然之路。只有坚持中国特色社会主义发展道路，才能团结一切力量、调动一切积极因素，顺利完成构建社会主义和谐社会的任务，振兴伟大的中华民族。因此，在全社会树立中国特色社会主义共同理想十分重要。然而，由于体制不健全等原因，我国社会发展中遇到不少问题和困难，比如经济转型、贫富差距、食品安全、利益冲突、人才流失、生态平衡、社会管理不完善等。面对这些问题，我们不能戴着有色眼镜观察事物，把社会看成漆黑一团，没有自己的追求和战胜困难的勇气，更加不能拜倒在外国的"中国论"中，盲目迷信西方民族，追求西方生活方式甚至沉迷于自我编织的西方生活梦幻，而淡忘本民族意识。这些都不是中国人应有的风姿和骨气。在当代中国，只有社会主义制度才能保证最广大人民群众的根本利益，只有走中国特色社会主义道路才能解决社会发展中的现实问题。作为见证中国走社会主义道路必然性的红色文化，其传承发展无疑有助于人们坚定走中国特色社会主义道路的信念，增强人们对共同理想认同的历史纵深感，进一步增强对实现共同理想的信心和勇气，并且自觉把个人理想与共同理想结合起来，为实现中华民族的伟大复兴贡献力量。红色文化凝结着崇高革命精神和优良革命传统，是中国特色社会主义兴旺发达的动力。

第二节　精神动力的激发价值

中国十几亿人口能够凝聚在一起，离不开伟大的民族精神和时代精神。红色文化是中国共产党及人民在革命、建设和改革过程中精神风貌的集中体现，彰显了伟大的民族精神，也折射出强劲的时代光芒，能够极大地激发人们的精神动力，增强人们的爱国之情，提高人们的创新能力，从而引导人们自觉投身到实现中华民族伟大复兴的伟大实践之中。

一、红色文化是民族精神和时代精神的统一

红色文化最为核心也最为根本的是凝聚其中的红色精神，它是中国共产党成立至今形成的优良传统与作风的内在灵魂，代表着中国共产党人、先进知识分子、革命志士和广大人民群众的精气神。我们党非常注重运用各种精神力量来动员人民、鼓舞人民、教育人民、团结人民、凝聚人民，进而打击敌人、消灭敌人，同时在革命、建设和改革百余年的奋斗历程中创造和积累了一系列、一连串精神，形成了一整套精神体系，从而使我们党从小到大、由弱变强。红色精神深深植根于伟大中华民族精神的沃土之中，并随着历史的推移和时代的变迁而发展出新的内涵，集中体现了以改革创新为核心的时代精神。

（一）民族精神和时代精神是社会主义核心价值体系的精髓

民族精神是中华民族的灵魂和根脉，是中华民族五千年文明历史的深厚

积淀，也是中华民族优秀传统文化的精神结晶，是中华民族共同精神家园的基本内核。时代精神是伟大中华民族精神的延续和发展，是民族精神在改革开放新时期的发扬光大。民族精神和时代精神的交相辉映，共同绘就了中华民族精神演进的轨迹。伟大的民族、伟大的时代创造伟大的精神，伟大的精神支撑和成就伟大的民族、伟大的时代。民族精神和时代精神作为社会主义核心价值体系的精髓，更注重解决精神状态和精神风貌的问题，是中华民族繁荣发展、生生不息的精神动力，是中国走向和平崛起、文化振兴和民族复兴的精神动力，也是每一位中国人成长发展的内在精神支撑。人是要有一点儿精神的，是否能够把这种伟大的民族精神和时代精神转化为鼓舞斗志、激发潜力、开拓创新的精神动力，从很大程度上影响到一个人发展的广度和深度。民族精神是一个民族在长期共同社会实践中积淀形成的民族意识、民族心理、民族品格、民族气质和民族价值取向等的总和。在五千多年的历史发展中，中华民族形成了以爱国主义为核心的团结统一、爱好和平、勤劳勇敢、自强不息的伟大民族精神。

时代精神形成于改革开放新时期，经过四十多年的积累和发展，为当代中国的发展进步提供了新的精神引领。改革创新精神是时代精神的集中体现。改革创新精神是凝聚改革共识、拓展开放视野、汇集发展合力的价值导向和思想旗帜。改革创新精神，概括起来就是：解放思想、实事求是、与时俱进，勇于变革、勇于创新，永不僵化、永不停滞，不为任何风险所惧，不被任何干扰所惑。以改革创新为核心的时代精神，是以爱国主义为核心的伟大民族精神的进一步深化和发展，为古老的中国注入了新的精神力量。民族精神和时代精神是建设中华民族共同精神家园的两大支柱，反映了一个民族经过漫长的历史积淀所传承下来的特有的传统、习惯、心理、情感等，是中华民族安身立命的精神家园、生存发展的支撑，是一个民族的文化寄托和归宿，是中华民族凝聚力、生命力和创造力的源头。一个人如果失去精神家园，就算得到了整个世界又有何用。同样，一个民族，想要跻身于世界先进民族之林，必须兼具物质和精神双重因素。在经济全球化、政治多极化、文化多元化和社会信息化发展的今天，弘扬培育民族精神和时代精神的任务更加紧迫，关系到中国人民能否以昂扬向上的精神状态把中国特色社会主义事业推向前进。

（二）红色文化是民族精神和时代精神的载体

红色文化诞生于中国这片古老而神奇的土地上，既忠实传承和弘扬中华优秀传统文化，又积极开创和发展中社会主义先进文化；既承载着以爱国主义为核心的民族精神，又承载着以改革创新为核心的时代精神。红色文化，作为一种革命的、先进的文化形态，是民族精神和时代精神的统一体。红色文化的发展变迁，生动描绘了中华民族精神的演进轨迹，也展示着中国共产党人伟大精神的历史承续，呈现出中国人民的时代精神风貌。红色精神，作为红色文化的内核和灵魂，代表着中国共产党人的精气神，萌芽于五四运动之后，形成于我们党成长发展的各个历史时期。红色精神秉承了"自强不息，厚德载物"的民族品格、"国家兴亡，匹夫有责"的爱国情怀、"富贵不能淫，威武不能屈，贫贱不能移"的高尚气节、"鞠躬尽瘁，死而后已"的奉献意识、"舍生取义，杀身成仁"的人格追求等民族精神。我们党在领导中国革命、建设和改革的伟大历史进程中，先后创造和形成了井冈山精神、中央苏区精神、长征精神、延安精神、西柏坡精神、大庆精神、雷锋精神、红旗渠精神、抗洪精神、载人航天精神、抗震救灾精神、抗疫精神等等，把中华民族精神发展到一个新阶段，也彰显了以改革创新为核心的时代精神，为社会主义核心价值体系建设提供了坚实的精神支撑。其中，长征精神最具代表性。长征精神就是把全国人民和中华民族的根本利益看得高于一切，坚定革命的理想和信念，坚信正义事业必然胜利的精神；就是为了救国救民，不怕任何艰难险阻，不惜付出一切牺牲的精神；就是坚持独立自主、实事求是、一切从实际出发的精神；就是顾全大局、严守纪律、紧密团结的精神；就是紧紧依靠人民群众，同人民群众生死相依、患难与共、艰苦奋斗的精神。长征精神是中华民族百折不挠、自强不息的民族精神的最高体现，是保证我们革命和建设事业从胜利走向胜利的强大精神力量。改革创新成为时代的最强音，红色精神也因吸纳了改革创新的时代因子而放射出更加鲜活的时代风采。这里以抗疫精神为例，自 2020 年年初新冠肺炎疫情发生以来，我们在抗疫过程中形成了生命至上、举国同心、舍生忘死、尊重科学、命运与共的伟大的抗疫精神，是伟大的中华民族精神在当代中国的生动体现。

伴随着中国的崛起，中国道路、中国经验、中国价值观等逐渐成为国际社会热议的话题。中国崛起，不应该只是一种经济崛起，更应该是一种思想文化的崛起。中国精神，集中体现为一种文化精神，内蕴着文化自觉、文化自信、文化自强，是中国崛起的内在精神支撑，也是中国梦的文化呈现。发展红色文化，是打造中国精神的必由之路。红色文化深深植根于中华优秀传统文化的丰厚土壤中，高举爱国主义精神旗帜，以革新求变为内生动力，为中国精神的成长提供源头活水。中国的和平崛起和中华民族的伟大复兴需要中国精神的成长壮大，红色精神是中国精神最为耀眼的光芒，是民族精神和时代精神的有机统一体。在新的历史起点上进一步传承和弘扬红色文化，高举红色精神旗帜，是我们发展社会主义先进文化、走中国特色社会主义文化发展道路、努力建设社会主义文化强国的题中应有之义。

二、红色文化是进行爱国主义教育的有效资源

爱国主义是红色文化永不褪色的主题。中国共产党人是爱国主义精神最坚定的弘扬者和实践者。红色文化也是民族团结进步的文化，更是具有高度忧患意识的文化。弘扬红色文化，有助于对人民群众特别是广大青少年深入开展爱国主义教育和民族团结进步教育，增强民族凝聚力。

（一）红色文化有助于培养人们的爱国主义精神

爱国主义是中华民族最深厚的思想传统，最能感召中华儿女团结奋斗。在我国社会历史发展过程中，爱国主义是动员和鼓舞人民团结奋斗的伟大旗帜和各民族共同的精神支柱，在维护国家统一、民族团结、推动社会进步中发挥了重大作用。当下，爱国主义集中表现为听党话、跟党走，要让爱国主义的旗帜在心中高高飘扬。这种爱国主义光荣传统既是红色文化形成的重要渊源，也是红色文化始终高举的精神旗帜。

诞生于中华民族艰难环境中的红色文化，包含无数共产党员和中华儿女对伟大祖国浓厚的挚爱之情，是他们将满腔的热血和奋斗的汗水铺洒在民族独立和国家崛起的道路之上，才造就了国家发展过程中的无数丰碑，这种爱

国之情是我们民族的精神瑰宝。爱国主义是红色文化的重要思想内涵。红色文化总是随着时代的发展不断激发人们的爱国情怀。在"我们万众一心，冒着敌人的炮火前进"的革命岁月，红色文化吹响了奋勇向前的号角，激起全国人民反帝反封建的革命热情。在各阶级、各阶层踊跃参加革命、建设和改革的火热年代，红色文化唱响了热爱祖国、建设祖国的主旋律。在中国特色社会主义进入了新时代，"民族复兴"成为响遏行云的时代强音和激动人心的美好梦想，红色文化谱写了和谐中国的华彩乐章，抒发出了人们的时代真情。一代又一代中国先进知识分子和广大群众怀着对伟大祖国的无限热爱、对民族命运的深切忧患以及对理想社会的美好憧憬，谱写了中华民族不懈奋斗、顽强拼搏的伟大史诗。

在全球化的今天，爱国与否已经成为检验公民行为得失的基本标尺。通过红色文化中体现爱国主义精神的红色人物、革命故事，以及红色革命遗迹遗址、博物馆等爱国主义教育基地，让人民群众深刻认识共产党人的奋斗史，有助于激发人们高昂的爱国主义精神，增强其社会责任感，提升中华民族的凝聚力、向心力和生命力。比如近期热播的红色文化题材的电视连续剧《觉醒年代》，在全国广大观众特别是青少年群体中掀起了一番具有爱国主义之情的"马克思主义热"。特别是对于今天"00后"的青年来说，他们的生活条件富裕，对于前辈的奋斗历程缺乏切身感受，运用红色文化题材对他们进行爱国主义教育，能够使他们真切体会前辈的爱国主义情感，塑造爱国主义精神，继续继承前辈遗志，为实现中华民族伟大复兴贡献力量。

（二）红色文化有助于增强人们的忧党兴国意识

忧患意识是一个人发展进步的内在推动力，也是一个民族、一个国家兴旺发达的精神支撑力，同样更是一个政党兴盛繁荣的可靠护身符。是否具有强烈的忧患意识，从深层次上关系到一个政党的生死存亡，也关系到一个国家的兴衰成败。中国共产党从一开始就肩负着实现民族独立和人民解放、国家富强和人民幸福的历史性任务，这就决定了我们党是一个具有高度忧患意识的党，也正是这种高度的忧患意识使我们党经受住了各种风险和考验，逐步走向成熟与完善。红色文化中蕴含着丰富的忧党兴国资源，强烈的忧患意识、浓厚的兴亡责任感和深远的洞察力是红色文化中极为重要也非常突出的内容，是我们党和国家的宝贵精神财富，时时激发人的志气，砥砺人的意志，提升人的信心。当前，我们要借助传承红色文化这一平台，增强全体党员特别是各级领导干部的忧患意识、责任意识和风险意识，防止精神懈怠，以更加昂扬向上的精神状态做好本职工作，以忧国忧民忧党之心加强自身修养。

红色文化忠实记述着我们党忧以天下的光辉历史。透过红色文化，我们能够清晰地勾勒出一幅中国共产党人在革命、建设和改革各个时期勇担历史使命的生动画卷。从井冈山精神、长征精神到延安精神，我们党时时刻刻在忧患中成长、在砥砺中奋起，战胜各种艰难险阻，不断开创革命新局面。我们党是从局部执政逐步走向全面执政的。

如孟子所说："入则无法家拂士，出则无敌国外患者，国恒亡。然后知生于忧患而死于安乐也。"党的先进性和党的执政地位不是一劳永逸、一成不变的，过去先进不等于现在先进，现在先进不等于永远先进；过去拥有不等于现在拥有，现在拥有不等于永远拥有。

三、红色文化是培育创新素质的重要资源

要始终把改革创新精神贯彻到治国理政各个环节，不断推进理论创新、制度创新、科技创新、文化创新以及其他各方面创新，不断推进我国社会主义制度自我完善和发展。说明我们党对创新内涵的认识已达到新的历史高度。改革创新是当代中国最鲜明的时代特征，红色文化充满了创新的活力，也透射出创新型思维方式。当前，我国正处于全面建设社会主义现代化国家和实现中华民族伟大复兴的关键时刻，需要弘扬改革创新精神，推动创新型国家建设。而弘扬红色文化有助于培养人们的创新精神，提高全社会成员的创新意识和创新能力。

（一）增强创新能力是时代发展的需要

当前，我们正处在与农业经济、工业经济不同的知识经济时代。这个时代的特征可以用高科技、高速度、高竞争、高风险和高创造等"五高"来概括。知识经济作为一种新的经济组织形式，是一种建立在知识和信息的生产

分配和使用基础之上的经济，与传统的农业经济和工业经济相比，具有不受资源稀缺限制的优越性。知识经济是一种创新型经济，创新是知识经济的源头和经济发展的动力。在这样一个时代，国家之间的竞争力越来越体现在创新能力方面。一个国家、一个民族能否在激烈的国际竞争中立于不败之地，越来越取决于创新能力。知识经济在很大程度上依赖于个体的素质，要求个体敢于创新，善于挖掘自身的潜力，树立不断学习的信心，在实践中实现创新和自身价值。知识经济期待每个个体能充分认知自身价值、增强自主性、培育能动性、发挥创造性、发挥能力本位，更好地促进社会与人的协调发展。因而，面对这样的时代，我国必须以积极的姿态顺应时代发展潮流，参与国际竞争与合作，从战略高度建设创新型国家，培养创新型人才，增强自主创新能力。但从我国具体国情看，我国经济发展出现良好态势的同时也面临一些问题，比如城乡发展不平衡、经济结构不合理、粗放型经济增长方式没有根本改变、自主创新能力不强、经济发展与资源环境矛盾日益突出、人的创新能力不足等。解决这些问题的关键是依靠创新，提高国民思想道德素质和科学文化素质，特别是培养具备创新精神、掌握科学方法和拥有科学思想的人才，增强全社会自主创新能力。

（二）红色文化充溢创新的活力

创造性思维是有创见的思维，这种思维不仅能揭示事物的联系及内在本质，而且能够在此基础上产生前所未见的新成果。马克思主义是"人类知识的最高概括"，也是人类的先进文化。红色文化是以马克思主义为指导的文化，蕴含着创新型思维。为了完成不同时期的历史任务，我们党结合当时中国社会具体情况，发挥创新精神和创造性思维，创造性开展工作，在经济、军事、路线方针、制度等方面进行积极探索和创新，取得了一系列创造性理论成果并使其成为中国共产党的立国之魂。一切从实际出发，不墨守成规、不迷信教条，敢闯敢试，这些构成了红色文化最为核心最为根本的创新内容。

（三）弘扬红色文化有助于增强人们的创新精神和创造意识

建设社会主义文化强国的关键是增强全民族文化创造活力。发展离不开创新，创新意味着发展。创新精神是进行创新活动必备的一些心理特征，如创新意识、创新胆量、创新决心以及相关的思维活动等等。不人云亦云，不唯书唯上，坚持独立思考；不墨守成规，不僵化呆板，敢于打破原有条条框框，探索新的规律和方法；不迷信书本和权威，敢于发问……都是创新精神的具体表现。创新精神的有无不仅关系到个人的全面发展，而且影响到一个国家、一个民族的前途命运。

弘扬红色文化有助于坚定人们的创新意志。创新精神需要坚定的创新意志。创新是探索前所未有的新事物，探索别人没有涉及的领域并且有新的发展。创新本身就是一种深度开发和发掘，是人的主观能动性的深层发挥。创新是一条荆棘丛生的道路，也是一个艰难困苦的过程，它需要个体内在强大的精神力量的支撑。创造性学习、创造性研究和创造性工作需要创造者付出艰苦的劳动，具有顽强的毅力和敢于探索的勇气，特别是在创造者接近创新目标的关键时刻，更加需要这种勇气和毅力。因而，创新精神是人的一切创造获得的动力源泉，没有这种源泉和精神，就不可能有创新活动。传承红色文化、加强红色文化教育，无疑有助于培养人们的创新精神。

弘扬红色文化有助于营造创造氛围，培养人们勇于创新的品德。树立创新意识、营造创新氛围是培养人们创新精神的基础。思想意识决定行动，社会氛围影响行动。建设创新型国家和培养创新型人才，必须将创新意识深深根植于广大党员干部和人民群众的内心。但是在我国，漫长的封建社会所形成的保守和好古的文化传统，给人们留下了稳健和守成的心理积淀，开拓、冒险和创新精神不足。这种保守的文化因素与文化心理同现代开拓发展、改革创新的思想意识不相符合，在很大程度上制约了人们创新精神的发展，严重阻碍了我国现代科学技术的发展。我国文化传统虽然有一些优良的传统需要发扬，但也有因循守旧和平均主义的积习妨碍了创造和开拓。"出头的椽子先烂""枪打出头鸟"，非议冒尖者的现象仍然存在。倘若这些深层次积淀的文化因素不解决，便不能形成有利于创新的环境和氛围，而没有一个良好的创造性环境，就很难培养出创新型人才。因此，通过组织参观爱国主义教育基地、唱红歌、阅读红色经典、聆听红色伟人和民族精英的革命故事等方式传承红色文化，大力弘扬以改革创新为核心的红色精神，切实尊重人民的首创精神，有助于营造创新型文化环境，铸就创新意识，提升全社会的创造活力，激发人们的创造智慧和创新热情，增强中华民族的创造力。

弘扬红色文化有助于培养人们鲜明的个性。从马克思主义人学角度看，个性是现实的人在认识世界和改造世界的过程中其主体性在个体身上体现出的独特性，其结构内容包括自主性、自觉能动性、创造性和独特性。创造性是人的个性或者主体性的本质特征，是个人独立自主性、自由自觉性、能动性和积极性的最高程度的表现，创造性是人在对象性活动中作为主体具有的主体性的最重要标志。具有创造个性特征的个体，他们敢于向权威挑战，有着永不满足的进取心、强烈的求知欲和好奇心以及细致敏锐的洞察力，对发现新事物和创造活动有着强烈的情感倾向。人的个性与创造性紧密相连。人的个性发展不是在真空中进行的，而是在现实的环境中进行并且受到环境的影响。人创造环境，同样，环境也创造人。环境是人的个性发展的外部条件。通过推动红色文化进社区、进校园、进家庭等活动，形成弘扬红色文化的家庭环境、学校环境和社会环境，使人在不知不觉中受到潜移默化的教育，从而使人的个性和价值取向向着符合社会发展要求的方向发展。红色文化教育是用科学的世界观、人生观、价值观等内容教育人们，对人的良好个性的形成和发展具有导向保证作用。此外，弘扬红色文化，发挥红色榜样人物的示范作用，能够为人的创造性个性的形成和发展指明方向。

第三节　道德品格的示范价值

一、红色文化秉承集体主义的价值原则

集体主义价值观是马克思主义经典作家始终坚持的一个根本价值理想，是无产阶级文化的核心价值原则，也是红色文化的核心元素。我们党领导和推动的红色文化，始终把集体主义作为根本指导原则加以提倡和弘扬，始终

以革命利益、国家利益、民族利益为根本价值追求，统筹兼顾整体利益和局部利益、长远利益和眼前利益、集体利益和个人利益，引导人民正确认识和处理国家、集体、个人的利益关系，提倡个人利益服从集体利益、局部利益服从整体利益、当前利益服从长远利益，反对小团体主义、本位主义和极端个人主义、利己主义，学会把实现个人价值与创造社会价值结合起来，在促进社会文明进步中获得个人的全面发展。

（一）集体主义原则是红色文化的重要元素

马克思主义批判了离开物质利益谈道德的道义论和把道德立足于个人利益的功利论错误倾向，认为个人与集体是统一的，从根本和最终意义上讲，个人利益应当服从集体利益。马克思、恩格斯在《德意志意识形态》一文中阐释了集体对于个人自由而全面发展的重要意义，批判了以往虚假的共同体是对被统治阶级的桎梏，说明了个人只有在真正而非虚假的共同体中才能实现个人利益与集体利益的有机统一，也才能获得彻底解放。"只有在共同体中，个人才能获得全面发展其才能的手段，也就是说，只有在共同体中才可能有个人自由。"在马克思、恩格斯看来，集体主义应该建立在实现个人利益的基础之上，既不是自我牺牲也不是利己主义，而是对自我牺牲和利己主义的一种扬弃。集体主义价值观是马克思主义经典作家高扬的文化价值观，集中指向无产阶级和全人类的整体利益，自由全面发展和全人类的彻底解放。

集体主义价值观反对把个人利益放在第一位的自私自利的小资产阶级思想，是红色文化所倡导的重要价值原则。集体主义是政治素质中极为重要的问题，成为红色文化的鲜明标识和重要内容。井冈山精神、长征精神、延安精神等无不体现了中国共产党的集体主义精神。革命战争年代，我们党提出"冲锋在前，退却在后"的口号，鼓励无数中华儿女舍小家、为大家，为民族独立和人民解放英勇奋斗。没有李大钊、刘胡兰等革命先烈的无私奉献和牺牲精神，就不可能取得革命和战争的胜利。

（二）弘扬红色文化有助于坚持集体主义，反对个人主义

集体主义作为社会主义的基本原则和价值导向，是对集体与个人关系的

一种态度和看法，是一种坚持集体利益高于个人利益，把发展、巩固和扩大集体利益作为人们活动的重要目的的思想理论。集体主义在强调集体利益高于个人利益的前提下，同时提倡集体必须尽力保障个人正当利益，促进个人利益的实现。我们党从来不否认社会成员的个人利益、追求和抱负。尊重个人利益是集体主义最基本的要求，只有不断满足集体成员的个人利益，集体才有向心力和凝聚力，并能为个人的发展提供条件。

树立集体主义价值观是促进人的发展和推动社会进步的需要。当前我国正处于社会改革和转型期，利益结构、利益主体和价值观出现多元化趋势。在市场经济条件下，经济伦理强调的公平竞争、效率优先、追求利益等与社会伦理强调的奉献、利他主义等发生了冲突，理想信念教育、集体主义教育的意识形态功能受到市场经济的侵蚀和消解，不断被弱化。人们的价值取向在保持进步的同时也出现了急功近利等问题。利己主义之风愈演愈烈，个人主义思想悄然盛行，许多人为了个人利益最大化不择手段，因而人与人之间固有的温情不知不觉地消失了，代之而出现的是人情的冷漠和麻木。人们之间的交往不再像以往那样具有深刻的人性，富有伙伴精神，相反，人际交往越来越趋向于浅表化。

个人主义是与集体主义相对立的，也是我们党一贯反对的价值观念。法国思想家托克维尔曾经对个人主义及其危害性进行过深刻剖析。这种个人主义把"个人利益放在第一位，革命利益放在第二位"，"抛开国家、集体和别人，专门为自己的物质利益奋斗"，"违反集体利益而追求个人利益"，"把个人的待遇和享受看得高于一切、先于一切"。从总体上讲，个人主义是一种以个人为中心，把个人的利益凌驾于国家、集体利益之上，甚至为了个人的利益不惜牺牲国家、集体利益的一种思想观念和行为取向，具有较大的破坏性。我们要继承、弘扬并发展红色文化的集体主义精神，并赋予其新的时代内涵，充分利用红色经典事例、英雄人物教育和引导人们特别是青少年克服拜金主义、个人主义等思想，树立集体主义价值观，让集体主义精神在人的全面发展中更好地发挥动力支撑作用。与此同时，在构建社会主义和谐社会、推进社会主义现代化建设的历史进程中，我们要树立集体主义价值观。但这种价值观不再仅仅是革命战争年代的那种集体主义价值观，而是继承红色文化的集体主义因子，弘扬"人类大我"的集体主义价值观。此外，随着现代信息技术的发展，人与人之间从过去的"封闭""孤立"逐渐走向"共在""共生"，人们生活在共同的利益之下，不同地区和国家被人类的共同利益这根无形的链条连在一起。面对人类共同的挑战和危机，需要人们共同解决，需要人们发挥"人类大我"的集体主义价值观。

二、红色文化彰显艰苦奋斗的优良作风

艰苦奋斗的道德品格是红色文化的精神内核，也是其发展壮大的重要基石。红色文化彰显着共产党人、革命志士和广大人民群众艰苦奋斗、艰辛创业、自力更生、自强不息的昂扬向上之精神风貌，是新时期对广大人民群众特别是党员领导干部和青少年深入开展艰苦奋斗精神教育的重要资源。我们要大力弘扬红色文化中艰苦奋斗的道德内涵，在全社会营造以艰苦奋斗为荣、以骄奢淫逸为耻的道德舆论氛围，引导人们正确把握艰苦奋斗的时代内涵，始终坚持艰苦奋斗、勤俭建国的基本方针，谦虚谨慎、不骄不躁、克勤克俭，不断把中国特色社会主义事业推向新的高度。

（一）艰苦奋斗是红色文化的精神内核

艰苦奋斗是红色文化的重要内容，是我们党带领人民赢得革命胜利，实现民族独立和人民解放、国家富强和人民幸福的重要法宝。红色文化的发展壮大是与艰苦奋斗伟大品格的坚守和执着紧密相连、不可分割的。回顾我们党的历程，艰苦奋斗是我们战胜各种困难的力量源泉和精神保证。从井冈山的艰苦创业到长征团结一致、一往无前，再到延安时期的"自己动手，丰衣足食"，艰苦奋斗一直是我党我军宝贵的道德品格和工作作风。我们党和军队是靠艰苦奋斗起家的，也是靠艰苦奋斗不断发展壮大起来的。艰苦奋斗始终是红色文化中"红色"的最好印证，也是红色文化传递给我们最为深刻、最为核心的道德品格之一，是我们最宝贵的精神财富和道德力量，代表着我们这个民族最深厚的道德自觉。

艰苦奋斗的精神品格，是我们党和军队的根本立足点，也是红色文化建设

获得强大生命力和创造力的根本立足点。越是在困难时期，我们党和军队以及根据地人民越是展现出强大的自强不息、艰苦奋斗的精神，克服了一个又一个困难，渡过了一个又一个难关。早在创建农村革命根据地时，毛泽东就明确提出了"贪污和浪费是极大的犯罪"，要求节省每个铜板，形成了艰苦创业的早期形态。井冈山作为我们党第一个根据地，井冈山精神生动诠释着艰苦奋斗的革命作风。在那段艰苦日子里，朱德经常亲自带领战士们下山挑粮。"朱德的扁担"的故事成为井冈山精神中浓墨重彩的一笔，真实见证了红军将士艰苦奋斗、同甘共苦的精神情怀。红军经过艰苦卓绝的两万五千里长征铸就的长征精神，更是一部艰苦奋斗的伟大史诗，使共产党人、革命战士的英勇顽强、艰苦奋斗、自强不息的道德品格和精神境界得到了淋漓尽致的抒发和彰显。

（二）红色文化的传承有利于发扬艰苦奋斗意识，抵制骄奢淫逸的不良倾向

古人云："艰难困苦，玉汝于成。"艰苦奋斗已经成为我们民族的宝贵品格。能够做到艰苦奋斗，也从根本上关系到一个人的得失荣辱。"历览前贤国与家，成由勤俭败由奢。"以艰苦奋斗为荣，以骄奢淫逸为耻已经成为社会主义荣辱观的重要组成部分，艰苦奋斗的精神内涵不断得以丰富。即使我们人民的生活富裕了，艰苦奋斗的精神也不能丢。今天，我们提倡艰苦奋斗并不是主张过苦行僧式、清教徒式的生活，也不是否定合理的物质需求以及对美好富裕生活的追求，而是要思一粥一饭的来之不易，越是生活优越越应该保持艰苦朴素的生活作风。艰苦奋斗不仅仅是一种生活作风，也反映了一个人的价值取向和人生追求，反映了一个人在物质富足条件下对精神和信仰的终极追求。有着这种精神信仰，就能够安于恬淡、以苦为乐、克服贪欲，就能够正确处理物质利益关系、不以物喜、不以己悲，就能够在学习和事业上刻苦钻研、积极进取，为国家繁荣昌盛作出应有的贡献。

发扬艰苦奋斗的优良传统是社会主义现代化建设的需要。我国经济社会正在发生深刻变化，改革发展进入攻坚克难的"深水区"和转型升级的"关键期"，地区差距、城乡贫富差距仍在扩大，需要啃下的"硬骨头"还很多。这样的基本情况、这样的艰巨任务、这样的基本国情，决定了我们必须

经过长期的艰苦奋斗，继续发扬艰苦创业、不畏艰难的精神。当然，提倡艰苦奋斗并不是要人们回到过去的生活方式，而是要用开拓创新、艰苦创业的精神推动改革开放的持续发展。另外，树立艰苦奋斗精神也是发展社会主义市场经济的需要。市场经济的健康运行以及生产力的发展需要生产者和经营者合法经营、诚实劳动、艰苦创业。市场具有二重性，它既需要艰苦奋斗精神的支撑和维系，又可能冲击和淡化艰苦奋斗精神。在改革开放和发展市场经济的过程中，由于多种原因，部分人淡忘了艰苦奋斗精神，贪图安逸、贪图享乐之风不断滋长，超前消费、盲目攀比、挥霍浪费的现象在不少部门和地方盛行起来。伴随着物质生活水平的提高，未富先奢之风在一部分人中间成为时尚。比阔绰、看花费，成为他们炫耀身份与地位的方式。在这种情况下，提倡树立艰苦奋斗精神具有现实的针对性。提倡艰苦创业、艰苦奋斗是治疗腐败的一服良药，只有坚持艰苦奋斗精神才能从思想上根除腐败滋生的土壤。结合新的时代发展要求，挖掘红色文化的艰苦奋斗思想，弘扬红色精神，开展艰苦奋斗教育，引导人们认真学习党的革命传统和优良作风，正确认识我国的基本国情以及现代化建设的长期性和艰巨性，无疑有助于全社会树立艰苦奋斗的精神。红色教育的深入推进，能够增强每个人艰苦奋斗的使命感和责任感，在全社会广泛形成以艰苦奋斗为荣、以铺张浪费为耻的良好社会风气。

三、红色文化有助于在全社会打造诚实守信的核心理念

诚实守信是中华民族的传统美德。红色文化蕴含着我们党和军队以诚待人、取信于民而得以赢得人民群众的广泛拥护和衷心爱戴的优良品德，是诚实守信传统美德的发扬光大，对于我国现阶段社会诚信建设具有重要的借鉴意义和教育价值。我们要提炼其中的诚信内涵并进行时代拓展，提升国民诚信意识和水平，形成全社会诚实守信的良好氛围。

（一）诚实守信是红色文化的道德价值内蕴

红色文化反映出的开诚布公、取信于民、为人民服务的道德价值观，是

我们党我们军队能够始终获得广大人民群众衷心拥护并最终夺取政权的有力保证。

（二）红色文化的传承有助于社会诚信氛围的形成

诚信是人的发展和社会进步的"无形成本"。社会主义市场经济是一种诚信经济。市场经济的健康运行需要全社会诚信意识的普遍增强作为坚实的支撑，而如果没有全社会诚信体系的真正建立和牢固保障，社会主义市场经济的完善乃至整个社会的发展都会步履维艰。"老不信"成了社会的常态和很多人的定势思维，党和政府的公信力不断下降，很多人发出了"人心不古"的感叹。国民诚信意识的淡薄和全社会诚信体系的缺失，给每个人的健康成长和整个国家的持续快速发展所带来的负效应正逐步呈现出来。所以，我们要大力弘扬红色文化，深入挖掘其中蕴藏的诚信品质，大力推进社会诚信和司法诚信等诚信建设，在全社会广泛形成守信光荣、失信可耻的良好氛围。

第四节 健康心理的保障价值

心理和谐是社会和谐的基础。良好的社会心态来源于每个国民心理素质的大幅跃升和全面优化，特别是人的审美情感的有效培育。针对当今时代不良社会心态的继续发酵以及人们心理素质的普遍不适应状况，我们要大力弘扬红色文化，发扬革命乐观主义精神，充分张扬红色文化中蕴含的崇高的美的力量，加强人文关怀和心理疏导，引导人们培育自尊自信、理性平和、积极向上的社会心态，为我国和平发展提供强有力的心理保障。

一、红色文化有助于培养人们乐观健康向上的社会心理

革命乐观主义是红色文化的闪光点和主色调，也是我们党和军队的革命

史、创业史和建设史留给我们最为深厚的心理品格启示。积极健康向上的心态对于一个民族、一个国家、一个政党的发展兴盛是一种基础性的心理支撑因素，对于一个人的健康成长和全面发展而言同样具有不可替代的基础性意义。红色文化的主体虽然诞生于硝烟弥漫的战争和革命年代，但是其中蕴含的积极向上、豁达乐观之精神内涵却具有永久的时空穿透力和价值魅力。挖掘红色文化中的相关内涵并赋予其新的时代意义，对于人们的心理素质培养和心理品格优化具有重要的教育价值。

（一）良好的心理素质是人之发展的重要基础

心理素质作为人的素质之一，是以生理素质为基础，经过后天的教育和环境的影响而形成的心理能量、潜能、特点及其行为品质的综合，是先天素质和后天素质的"合金"。从心理学上说，心理素质包括人的情感、情绪、认识能力、意志力等方面。人的全面发展除了体力、智力外，心理素质也是其重要组成部分，并且直接关系到人生价值实现的程度。积极乐观、奋发进取的心态和良好的社会适应能力，能为个体在纷繁复杂、变幻莫测、思想激荡碰撞的社会现实中把握正确前进方向，从而为推动社会进步和实现个人全面发展提供强有力的精神动力和坚实的心理保证。而消极悲观、扭曲、阴暗颓废等不良心理，不仅影响个人前途命运，而且制约社会健康发展。社会主义市场经济的深入推进带来了国民经济的迅速发展，但市场经济的负面影响也给人们的心理和精神带来了消极影响。从整体上看，国民心理是开放包容、理性成熟、积极进取的，但是由于社会转型带来的价值观念、思想意识的急剧变化，一些人不同程度上出现了浮躁、失落、颓废、不满、拜金等心理。特别是当代大学生群体，他们承受来自学业、就业、考研、出国等方面的压力，争强好胜、急功近利，希望获得成功的动机感太强；一些大学生无法面对失败和挫折，采用极端的方式发泄。

（二）红色文化有助于人们提高心理调适能力，培育自尊自立的心理品质

我们党总是带领人民群众知难而进、迎难而上，与人民群众同呼吸、共命运，经受住了一次次心灵考验。在改革开放新时期，人们的心态又发生了

新的转变与适应，体制转换、利益取舍、思维更新、资产重组、竞争激烈，新的心态问题、特殊群体矛盾冲突等层出不穷，这更加需要我们树立与时俱进的思想意识，积极接受红色文化的精神食粮，善于和敢于抓住机遇、迎接挑战，积极投身于中国特色社会主义事业发展洪流之中，只有这样，才能以良好的社会心态接受社会发展在转型期带来的阵痛，才能在面对挫折和变化时迅速转变观念、调整心态、提振精神，也才能以良好的心理状态和精神风貌接受新的更大挑战。在急速变化的时代，是否具有强大的心理承受能力和灵活的心理调适能力，对于一个人的成长和整个社会的稳定和谐意义重大。红色文化中蕴含着理性平和、自信客观、包容向上的思想意识，有助于引导人们培育积极健康的社会心态，树立成熟稳健的大国心态，确保我国在和平发展的道路上越走越宽广。

人们在学会从心理上适应社会变迁的基础上更要做到自尊自立，培养强大的自我控制能力。也正是由于这种能力，人被定义为能"瞻前顾后"的动物。革命战争年代，面对内忧外患，中华民族表现出自立自强的民族气节，中国人民在积贫积弱的年代表现出自立自信的心理品格，中国共产党人面对敌人的威逼诱惑表现出自尊自爱的浩然正气和自立自强的坚定志向，做到了威武不屈、贫贱不移。自尊自爱、自立自强的心理品格的树立，得益于社会公正氛围的营造。红色文化中蕴含着极为强烈的公正色彩，有助于推动当代中国因收入分配不均等引发的社会问题的合理解决。我们要深入挖掘和提炼红色文化蕴含的这些思想内涵和精神品格，教育和引导人们尤其是青年人树立顽强拼搏、开拓进取的精神，培育其强烈的正义感、责任感和事业心，增强其自信、自立、自强的心理品质，克服心理上的自卑焦虑，塑造健全的人格。

（三）红色文化有助于人们培育乐观自信、积极向上的心理品质

革命乐观主义是红色文化的一大亮点，是我党我军发展壮大的宝贵心理品格和情感力量。革命乐观主义就是为了人民、国家和革命事业，在艰难困苦、危急险恶的境遇中，决不灰心丧气，决不悲观动摇，能够始终保持必胜的信心和旺盛的革命斗志，努力争取革命斗争的最终胜利。中国共产党的历史就是一部个人命运与国家命运紧密联系、苦难与辉煌并存的鸿篇史诗。我

们党在艰难时局中诞生，历经坎坷，并在曲折中奋力前进，斗争的挫折与失败、道路的抉择与求索无不考验着中国人民。在这样的形势下，中国共产党与全国人民同呼吸共命运，以知难而进、迎难而上、坚韧不拔、积极乐观的精神经受住了种种考验。

红色文化中的革命乐观主义精神是培育人们乐观自信、积极向上心理品质的重要资源。在革命斗争的岁月中传唱的许多红色歌谣，如"红米饭，南瓜汤，秋茄子，味好香，餐餐吃得精打光。干稻草，软又黄，金丝被儿盖身上，不怕北风和大雪，暖暖和和入梦乡"等，体现了红军战士革命乐观主义精神和积极向上的心理品质。漫漫长征路上，我们党和红军始终保持着不畏艰险、以苦为乐的革命乐观主义精神，抒写了人类社会发展史上的伟大壮举。正如许世友将军在他的回忆录里所言："经过草地恶劣环境煎熬的指战员，一个个虽然面黄肌瘦，但喊杀声还是那样洪亮，斗志还是那样旺盛，作战还是那样奋勇。看着这些生龙活虎的战士，谁能想到他们是在肚皮紧贴着脊梁骨的情况下与敌人厮杀的呢？！"革命乐观主义使红军战士们战胜了饥饿等人性极限，保持了昂扬的斗志，冲破了国民党的围追堵截，沉重打击了反动派的嚣张气焰。

新中国成立后，正是依靠这种乐观主义精神，我们党才能带领广大人民群众投入火热的社会主义建设之中，并初步建立起比较完整的工业体系和国民经济体系。我们要通过发扬红色文化中的革命乐观主义精神，引导人们在面对个人发展和社会发展的逆境时保持百折不挠、积极乐观的心态，同时又要告诫人们在顺境中反腐戒奢、戒骄戒躁，保持清廉朴素的革命本色。总之，我们要引导人们通过了解或是体验红色文化，培养民族自豪感，更加积极有为、昂扬向上，克服思想上和行动上的畏首畏尾。

二、红色文化有助于提升人们的审美情趣

红色文化处处体现了美的魅力和意境，具有一定的审美价值。红色文化所营造的审美教育环境、所蕴含的具有审美意义的教育内容、所展示的富有审美价值的情感是思想性、科学性与艺术性的高度统一。红色文化包含的物

质文化、精神文化与制度文化及其彰显的崇高的道德情操和优雅的气质不仅能够给人们带来感官上的享受，而且能够给人们带来精神上的愉悦，陶冶人们健康高雅的审美情趣，并由此产生追求美、向往美和创造美的心灵动力。

（一）红色文化是一种具有深厚美感意蕴的文化

红色文化是一种"求真"型文化，集中反映了中国共产党人对马克思主义科学理论的信奉，对社会主义、共产主义理想信念的持守以及对人类社会发展规律、社会主义现代化建设规律和共产党执政规律的执着探索，具有高度的合规律性，凝聚着人们运用真理尺度认识世界和改造世界的自觉追求；同时，红色文化又是一种"向善"型文化，生动体现了中国共产党人以中华民族尊严和中国国家利益为重，把争取民族独立和人民解放、实现国家富强和人民幸福作为神圣使命和光荣任务，为实现中国无产阶级和广大人民群众的根本利益而不懈奋斗的高尚情怀，具有高度的合目的性，凝聚着人们运用价值尺度认识世界和改造世界的自觉追求。总之，红色文化是合规律性与合目的性的统一，是"求真"与"向善"的统一，因而也是一种"尚美"型文化，是一种具有强烈美感冲击力的文化，有着深厚的审美意蕴。红色歌谣、红色经典、红色精神、红色遗址遗迹遗物等，是红色文化的物质、精神和信息载体，无一不透露着内容美、形式美、自然美和人文美，从各个方面给人们的情感注入鲜活的生命力、强大的震撼力、崇高的使命感和无上的光荣感，使人们能够在潜移默化中超越功利、走出狭隘、克服消极、摆脱低俗的纠缠，获得崇高的、祥和的、空灵的、静穆的美感体验。

红色文化是红色精神及其物化形态的统一。红色文化之美既体现为物质形态红色文化之美，更体现为精神形态红色文化之美。红色精神是红色文化之魂，是中华民族精神的延续和发展，是共产党人、革命先烈、仁人志士和人民大众伟岸人格、高风亮节和壮美精神的高度凝结，体现了人格美、心灵美、精神美和行动美，是红色文化审美意蕴的最高体现。以坚定信念、艰苦奋斗、实事求是、敢闯新路、依靠群众、勇于胜利为主要内容的井冈山精神，彰显的是一种探索之美、创新之美；以无比忠诚、坚定不移的革命信念，一不怕苦、二不怕死的英雄气概，实事求是、独立自主的创新胆略，顾全大局、严守纪律的团结精神，革命为民的崇高思想为主要内容的长征精神，集中体现了生命之美、团结之美、拼搏之美；以坚定正确的政治方向，解放思想、实事求是的思想路线，全心全意为人民服务的根本宗旨，自力更生、艰苦奋斗的创业精神为主要内容的延安精神，则体现着勤俭之美、自强之美和政治之美；以敢于斗争、敢于胜利的进取精神，坚持依靠群众、坚持团结统一的民主精神，善于破坏旧世界、建设新世界的科学精神，保持谦虚谨慎、保持艰苦奋斗的创业精神为主要内容的西柏坡精神，则投射着谦虚之美、忧患之美。红色遗址遗迹遗物是红色文化之"体"，是红色文化之美的具体化、形象化展示，具有历史的厚重感、肃穆感和现实的深邃启示性，与自然生态之美有机融合起来，激发起人们丰富的想象力、敏锐的感受力与无限的创造力。当我们重登南湖红船、遥看瑞金烽火、凭栏井冈风云、重走长征路、观看卢沟桥边石狮立、聆听抗日地道战的英雄人物之红色传奇时，种种美的场景将扑面而来，美的体验必将萦绕在心头。

（二）红色文化能够提升人们的审美情趣

美是真与善的统一，求真、向善、达美，是人立身处世的最为基本的追求，人从本质上说是一种审美型存在物。对美的感知力、创造力与享用度是人的本质力量的集中体现。审美的需要是人的本质需要，培养和提升人的审美能力是育人的重要环节。

红色文化有着深厚的审美内蕴，能够达到以美怡情的效果，培养人们积极健康的心理情感。积极健康的心理情感是一个人本质力量的充分彰显，离不开美的熏陶和感染。马克思指出，"人是一个有激情的存在物。激情、热情是人强烈追求自己的对象的本质力量"。健康的情感是一种积极的主观态度、主观体验和主观反映。健康的情感是人们启动和保持行为的调控机制和内在强大动力，也是个体养成良好品质和个性的重要因素。人们有了健康的情感，才能产生并增强适应社会主义物质文明和精神文明建设需要的友情、亲情和爱情意识，以及由此产生的自主意识、公平意识、竞争意识、效率意识、开拓创新意识等等；才能树立人与自然、人与社会、人自我身心的全面、协调、可持续发展的思想观念。健康的情感不仅是人们是否能够健康成长与进步的基本条件，而且也是人们事业能够取得成功的重要保障。红色文化的热潮迭起，与人对高科技条件下高度的情感追求不谋而合，是构成人的精神世界和生命价值意义世界的重要精神食粮，尤其对于培养和提升人的情感力量具有强大的引领效用。

健康积极的情感本身就是一种先进的文化精神，是一种人与自然、人与社会和谐的生机勃勃的生态。文化是思想、知识、情感的载体。健康的情感离不开先进文化的熏陶。红色文化是社会主义先进文化的重要组成部分，凝结了中华民族精神中最珍贵的思想文化精华，勤劳勇敢、自强不息、厚德载物、团结互助、爱好和平等民族优秀文化传统，是红色文化形成的思想源泉。红色文化具有教化性、体验性与评价性相统一的特性，能够陶冶人们的情感、升华心灵、激励精神。通过多种方式有效利用红色文化内在的情感价值，开展体验式的实践活动，能够让人们正确认识国情，体会到今天幸福生活来之不易，从而倍加珍惜。运用红色文化蕴含的革命情谊、光荣传统、革命意志、优良作风、英雄气节等教育人们，进而产生文化与情感的巨大张力，使人们在广袤的历史与现实的时空中孕育一种与红色文化相契合的健康情感，有利于丰富社会主义核心价值体系和促进人的全面自由发展。革命战争年代十分艰苦，亲情、友情、爱情却是恒久而不变的主题。

红色文化中美的内蕴能够为这个喧嚣的时代注入清醒剂，能够使当前正在蔓延的"庸俗、低俗、媚俗"之风止步，也能够为处于浮躁、急躁、暴躁的人群注入镇静剂，使人与社会实现和谐共生，创造美的意境。我们要大力传承红色文化，引导人们在面对多元文化激荡碰撞时能够用健康高尚的审美情趣抵制腐朽落后思想的侵蚀，常怀感动之情，用健康积极的情感力量充实心田、陶冶情操、培养审美能力、提升审美情趣，学会用美的尺度来观照社会、反省自身，在推动社会进步中创造完美的人生。

第六章 红色文化教育价值实现的路径探索

第一节 明确红色文化教育价值实现的基本原则

基本原则在方法论体系中处于较高层级，在这里指红色文化育人价值实现所要遵循的基本方法，它指引着红色文化育人价值实现路径的设计和规划。实现红色文化教育价值要坚持科学理论指导与生活实践养成相结合、先进文化引领与区分不同层次相结合、社会效益与经济效益相结合的基本原则。

一、坚持科学理论指导与生活实践养成相结合

利用红色文化教育人就是要把人们的思想引导到正确的方向，并且把低层次的心理状态提升到高层次的思想意识，这就要求既要坚持科学理论的指导，又要从人们的思想实际及社会发展实际出发，开展实践活动，把理论性与实践性结合起来，做到规律性与目的性的统一。

第一，实现红色文化教育价值首先要坚持科学理论的指导，坚持主流意识形态的指导，坚持正确的政治方向，与党的基本路线、方针相适应。这是因为，任何阶级、任何政党的教育活动都具有强烈的政治目标，服务于自身的政治利益。另外，弘扬红色文化，实现红色文化的育人价值，就必须大力加强红色文化的知识传授和理论教育。既动之以情，又晓之以理，通过摆事实、讲道理，从理论层面让人们明白红色文化的产生发展、来龙去脉、理论渊源等，深化人们对红色文化的认知。通过理论教育，使人们自觉用马克思

主义科学理论审视和分析各种错误思潮和不良倾向，进而在多元多样文化生态环境中坚持正确方向。

第二，实现红色文化教育价值要坚持实践性原则。用红色文化的优势资源帮助人们树立正确的世界观、人生观和价值观。克服错误思想的影响，必须进行实践教育。实践教育主要是通过参加社会服务活动、参加学雷锋活动、参加社会志愿活动、组织社会调查和考察等具体方法，提高人们对理论的正确认识，培养全面发展的人才。同时，传播红色文化要立足中国特色社会主义实践和人民群众的生活。在坚持贴近人们生活的基础上深入挖掘红色文化中生活化、平民化、草根化的内容，拉近红色文化与人们之间的距离，注重让人们进行自我感受体验和理解运用，增强对红色文化精神的认知度与认同感。文化工作者要深入到人民群众的日常生活之中，真正表现社会大众的喜怒哀乐、酸甜苦辣，积极热情地讴歌人民群众的精神面貌，创造出反映人民群众主体地位和现实生活、为广大群众喜闻乐见的红色精神文化产品。只有以新的视角阐释红色文化的宣传内容，以反映新时期红色文化精神的先进人物和先进事迹来传播红色文化，才能实现红色文化的创新发展和时代转型，增强红色文化的感染力、信服力、亲和力与影响力。

二、坚持先进文化引领与区分不同层次相结合

红色文化要实现教育价值，必须以先进性为灵魂，以层次性为载体。一方面要坚持先进文化的前进方向，提倡核心价值追求，抵制低俗媚俗；另一方面，又要照顾到不同层次人群的特点，增强教育的针对性。只有把先进性和层次性有机结合起来，红色文化育人价值才能更好地实现。

第一，推动红色文化育人必须坚持先进文化的前进方向，用先进的文化理念教育广大群众。文化建设不是简单的快快乐乐、蹦蹦跳跳，而是为了提高全民思想素质和思维能力。无论是开展文化活动，还是提供文化产品，都要传播知识和传承文明，用美好的理想和坚定的信念支撑人生，用深厚的文化内涵滋养人生。当然，宣传红色文化可以以大众化、娱乐化的方式更好地让人们接受红色精神理念的洗礼，但不可低俗化。先进性与娱乐性并不冲突，

比如革命战争年代抗日军政大学的校风就是"团结、紧张、严肃、活泼"。对于前几年《百家讲坛》成功的原因，有学者认为："娱乐化是我们的传播技巧、传播手段，我们只是给严肃的文化裹了一层'糖衣'，它的内核没变，我们对学术底线的坚守也没变。《百家讲坛》前进的方向是坚定而明确的，就是要给老百姓在电视上留一个安静的课堂。"毫无疑问，这为我们如何有效地宣传红色文化、增强红色文化教育实效性提供了有益借鉴。红色文化的精神内涵是崇高的、伟大的，提及红色文化，人们不由自主地想起我们党为建立新中国抛头颅、洒热血，为建设新中国勇往向前、百折不挠，在改革开放的时代浪潮中勇于尝试、敢于创新，等等。这种历史的艰辛和厚度，让人们肃然起敬，对红色精神产生敬畏之情。而将红色文化精神以娱乐性的方式融入人们的日常生活、文艺作品之中，实现寓教于乐，有助于红色文化育人价值更好地实现。

第二，在坚持先进价值理念的基础上，要实现红色文化的教育价值必须坚持层次性原则。1978 年 4 月 22 日，邓小平同志在全国教育工作会议上的讲话中指出："我们希望从事教育工作的同志，各个有关部门的同志，整个社会的家家户户，都来关心青少年思想政治的进步。""我们在鼓励帮助每个人勤奋努力的同时，仍然不能不承认各个人在成长过程中所表现出来的才能和品德的差异，并且按照这种差异给以区别对待，尽可能使每个人按不同的条件向社会主义和共产主义的总目标前进。"红色文化宣传教育要满足不同群体、不同阶层、不同层次人们的精神文化需求。传播红色文化要坚持宣传内容与宣传对象的一致性。宣传对象可分为青少年、大学生、群众、党员干部等，面对不同的对象有不同的宣传内容。比如对青年学生，可以注重讲解我们党是如何开辟新中国并取得伟大的成就，从而增强他们的爱国情，树立报国志向；对于广大党员干部，可以加强讲解我们党的奋斗史，从而提高党性修养。同时，宣传红色文化要针对不同阶层、不同群体采用不同的方法。要把握人们的心理过程及其个性心理特征，包括人们的接受性、感知性、意志力、理想信念、情绪情感、需要、动机等，并且根据人们的知识层次、年龄层次，以及稳定群体、流动群体、正式群体、非正式群体等的差异性选用恰当的方式方法和手段，使红色文化的精神内容与人们的内心情感、心理需要相融合。

只有针对不同的对象采取有针对性的宣传内容和方式方法，才能使红色文化的教育价值得到充分实现。

三、坚持社会效益与经济效益相结合

发展文化产业是社会主义市场经济下满足人民多样化精神文化需求的重要途径。文化既表现为事业形态也表现为产业形态；既具有凝聚民族精神、教育人民、维护社会稳定、引领风尚的属性，又兼具通过市场交换获取利益的属性。红色文化也是发展文化事业和文化产业的优势资源。所以，要实现红色文化的育人价值，必须坚持社会效益优先，兼顾经济效益，切实满足人们的物质需要和精神需要。

第一，红色文化育人要坚持把社会效益放在首位。人的需要是多方面的，并且人的需要不断从低层次向高层次方向发展。"已经得到满足的第一个需要本身、满足需要的活动和已经获得的为满足需要而用的工具又引起新的需要，而这种新的需要的产生是第一个历史活动。"物质贫乏和精神空虚都不是社会主义，社会主义社会要培养全面发展的人，丰富人们的精神世界和精神生活。红色文化要在这一过程中发挥重要作用。在市场经济条件下要实现红色文化的育人价值，发挥先进文化引导作用，不管是通过发展红色文化事业还是开发文化产业，都要把社会效益放在首位，保障人们的文化权益，丰富人们的文化生活，凝聚民心，鼓舞志气，塑造良好风尚。这就要求红色文化开发利用、红色文化产业发展遵循自身的基本规律，不能够将市场经济规律扩大到整个社会特别是文化领域，要警惕金钱货币成为衡量传承发展红色文化的唯一尺度，防止商品关系的"越位"而产生"劣红色文化""伪红色文化"，尽可能削弱和避免市场经济世俗性、功利性对红色文化宣传所造成的负面影响。

第二，红色文化育人在坚持社会效益的同时也要兼顾经济效益。实现红色文化育人价值不仅在于如何通过红色文化的宣传让人民大众获得美好愿景，更在于通过文化民生来让老百姓的生活水平和政治权利获得切实改善和加强。利益与人们的思想行为密切相关，利益支配人们的行为，人们奋斗的一切都与他们的利益有关，思想一旦离开利益，就会使自己出丑。但"光是思想力

求成为现实是不够的，现实本身应当力求趋向思想"。理论不仅要反映现实，"实践唯物主义者"还必须通过实践改造现实世界。红色文化作为满足人们多样性、多方面、不同层面的精神消费和精神需要的产品，具有商品的属性，能够产生经济效益。而红色文化经济效益的发挥，让人们享受文化发展成果，有助于红色文化育人价值的释放。"购买优秀文化产品的人越多，受教育的面就越大，经济效益越好，社会效益也就越广泛。从这个意义上说，没有经济效益，社会效益也是空的。"人们根据自身需要主动购买不同的文化产品，出版红色报刊书籍连环画、观看红色影视剧、红色艺术品收藏等等，便是对自身文化身份的认同。革命老区红色文化资源的开发利用要克服"旅游异化"现象，以人的全面发展作为根本目标，重视把旅游作为人们审美需求和文化需求这种更深层次的意义，并与促进当地居民就业、提高人们生活水平结合起来，使当地居民从红色资源开发中得到更多实惠，促使人们在多样多元文化生态环境中接受、认同红色文化，让红色文化成为人们自觉的精神追求。

第二节　加强红色文化教育

文化是人的文化。从广义看，全体社会成员都是红色文化教育的对象，因为红色文化是中国特色社会主义先进文化和国家意识形态的重要组成部分，各阶层、各领域、各行业的人都需要进行红色文化教育。但基于我国社会阶层复杂的现状和实现中华民族伟大复兴的伟大目标，需要把青少年、人民群众和党员干部作为红色文化教育的重要对象，进而针对不同教育对象、社会群体的心理特点采用不同方式，达到更好的教育效果。

一、对青少年进行红色文化教育

自古以来，青年兴则国兴，青年强则国强。青年一代能否健康成长成才，直接关系到社会主义建设事业是否后继有人。革命先辈奋斗牺牲所取得的红色文化成果，需要青少年去继承和传扬。对青少年进行红色文化教育需要把红色文化纳入课堂教学、校园文化和社会实践之中，并发挥家庭在青少年红色文化教育中的作用。

（一）对青少年进行红色文化教育的必要性

青少年是祖国的未来和民族的希望，是社会主义现代化建设的合格建设者和可靠接班人。能否实现中华民族伟大复兴，与青少年的价值取向、人生目标密切联系。广大青年要积极响应党的号召，树立正确的世界观、人生观、价值观，自觉融入实现中华民族伟大复兴时代的大潮中，爱祖国、爱人民、听党话、感党恩、跟党走。红色文化教育就是应有之义。

当代青少年是在改革开放的春风之中出生、成长的，享受着改革开放的成果。社会主义市场经济的发展、对外开放的深入和多样多元文化的交流碰撞，对青少年思想意识、价值观念、道德观念产生的影响也是非常明显的。社会阶层严重分化，利益格局加速调整，利益群体多样，利益来源复杂，利益享受存在差别，思想观念多样，这些都会导致青少年价值选择的困惑迷茫、价值取向的功利化、躲避崇高、远离经典。与此同时，对于我国社会转型中出现的一些问题，如社会分配不公平、贫富差距、腐败问题、住房困难、医疗困难等，只能靠进一步深化改革才能解决。而青少年由于社会经验不足，价值观正处于形成时期，容易受到外界因素的误导，对我国社会发展中的问题缺乏正确认识，从而对我们党、对社会主义、对马克思主义深表怀疑、失去信心，转而对资本主义社会顶礼膜拜。

（二）对青少年进行红色文化教育的方法

加强青少年红色文化教育，采用通俗化的语言，个性化、多样化的展现方法，以及双向乃至多向的互动式、柔性化、隐性化的教育方式。

第一，要把红色文化内容纳入课堂教学中。中小学可以把红色文化融入思想品德课、思想政治课中，精心设计形式新颖、内容生动、吸引力强的教学内容，还要编写针对不同年龄群体的红色文化教材。对小学生来说，可以用以图代文等直观形式突出革命时期的图片资料；对中学生来说，要注重对史实的讲解；对大学生和社会人员来说，则要注重理论阐释和政治方向的引导。只有这样，才能在突出教材主体和内涵的同时满足学生的年龄、个性需要。

第二，推进红色文化进校园。学校应当邀请一些老红军、老前辈、老革命者来校作红色文化专题讲座，让学生了解那个激情燃烧的岁月，感触那崇高的理想和坚定的信念。要鼓励和扶持红色社团的发展壮大，提升红色社团的吸引力、影响力和动员力，让学生在以红色精神为主题的红色社团中接受理论的学习、精神的洗礼；把缅怀革命先烈、讲述英雄事迹等内容的红色文化教育与党团活动结合起来，在丰富党团活动形式的同时让学生接受思想洗礼，树立崇高理想。利用重大节庆日、纪念日，组织红色演讲、红色文化论坛、红歌会等红色纪念活动；积极在学生中宣传推广《苦难辉煌》等红色读物，让学生们自觉观看《觉醒年代》《八佰》等红色经典影视剧和《恶之花》等文献纪录片，让学生在红色文化的强大思想精神氛围中提升自我价值认知力和鉴别力。此外，创办红色文化为主题的刊物，加强红色宣传栏、红色板报、红色广播栏目、红色校园标语等建设。

第三，开展红色文化实践活动。学校要把红色文化传承纳入社会实践服务的整体规划设计之中，注重开展以红色文化为主题的社会实践活动，引导青少年把宣扬红色文化作为提升社会责任感的重要切入点，同时通过亲身体验来感受红色文化的精神魅力和时空穿透力。为此，学校要加强与革命老区的联系，尝试在革命老区建立稳定持久的大学生社会实践基地，利用各种契机在革命老区开展大学生红色文化体验活动，组织学生开展体验红军生活、调研红色革命史实、重温红色历史、开展红色旅游、重走红色革命之路等活动。

第四，重视家庭教育。家庭是社会有机体的重要组成部分，对人的成长有着重要作用。家庭环境对青少年品质的形成有着陶冶熏陶作用。良好和谐的家庭环境能够培养青少年健全的人格和坚定的信心。在家庭中，父母的一言一行对孩子的影响要远远超过其他人，他们是孩子的第一任老师，也是孩子在年少时期的榜样。所以，父母在孩子成长中要有意识地对其进行艰苦奋斗、吃苦耐劳教育，以及爱国主义、社会主义、中国近现代史教育等，让他们从小就树立正确的世界观、人生观和价值观，学习优秀传统文化，增强对中华民族的自信心和自豪感。

二、对人民群众进行红色文化教育

习近平总书记曾指出："中国梦归根到底是人民的梦，必须紧紧依靠人民来实现，必须不断为人民造福。"人民群众是历史发展和社会进步的主体力量，是推动社会主义文化发展繁荣最重要的力量源泉。中国特色社会主义文化是人民共建共享的文化，所以，要对人民群众进行红色文化教育，开展以红色文化为主题的群众性实践活动，从而让红色文化走进群众，既为群众提供精神营养，又为红色文化提供发展活力。

（一）对人民群众进行红色文化教育的重要性

中国特色社会主义事业是人民群众的事业，必须发挥人民群众的主体作用，紧紧依靠群众。半个多世纪以来，我国社会发展取得了巨大成就，增强了人民对党的信任和对社会主义的信心，并以更加积极昂扬向上的精神风貌投入各项工作中。但是，我国正处于社会转型中，社会阶层分化，出现了新的社会群体甚至一些弱势群体，对此如何处理；如何解决农民工的医疗保障、子女教育问题，让农民工享受与当地人一样的社会待遇，受到尊重和认同；新生代农民工受教育水平更高，更渴望融入城市，如何让他们顺利融入城镇，避免一些发展中国家出现过的大城市大贫民窟式的"城市病"在我国出现；社会贫富差距不断增大，少数人占有社会绝大部分的财富，如何解决如此等等。这些问题的持续存在不仅影响了城乡社会的和谐稳定、城乡经济的繁荣和社会的全面进步，而且影响了广大群众对我们党的认同、对国家主流意识形态的认同，制约了社会主义国家能够凝聚力量办大事这一优越性的发挥，不利于凝聚人心，实现中国梦。党的十八大提出要积极培育社会主义核心价值观。这就说明必须对人民群众进行红色文化教育，增强国家凝聚力。

（二）开展以红色文化为主题的群众性实践活动

恩格斯曾说过，意志自由"是借助于对事物的认识来作出决定的能力"，

"人对一定问题的判断越是自由，这个判断的内容所具有的必然性就越大"。红色文化是社会主义意识形态的重要体现。红色文化作为先进的文化，在与其他各种思想交锋中必定能够胜出，为大多数人理解和接受。因此，发挥红色文化育人价值必须将其融入人们的日常活动之中，开展以红色文化为主题的群众性活动，让群众在生活中更好地感知和领悟它的巨大魅力，引导人们自我教育，实现红色文化教育"内化于心，外化于行"的目标。

首先，要注重利用重大节庆日组织广大群众参观爱国主义教育基地、博物馆等，开展宣教活动，激发人们的情感认同。借助"七一""八一""十一"等重大革命纪念日、国际性节日和重大历史事件、历史人物纪念日，增强人们对伟大祖国的热爱。特别是将组织广大群众瞻仰红色文化基地、纪念馆、展览馆、革命烈士陵园等场所，同入党宣誓等神圣活动紧密结合，创造神圣的教育氛围，有助于对群众进行爱国主义教育和革命传统教育，弘扬和培育民族精神，强化国民的爱国意识，培养民族认同感，增强民族凝聚力。

其次，公益文化机构要注重开展群众性红色文艺活动。各种直接面向广大群众的公益性文化机构，比如博物馆、图书馆、文化馆、青少年宫等应当发挥优势，开展生动活泼的红色文化文艺活动，为广大群众提供寓教于乐的文化服务，把红色文化的基本精神渗透到人们的日常生活之中。这就要求公益性文化机构免费对外开放，为人们接受红色文化精神的洗礼创造更好的条件。

最后，在我国设立"烈士纪念日""国家公祭日"，开展公祭人民英烈活动。世界上许多国家都有法定的阵亡将士纪念日或者烈士纪念日，并且巧妙利用这些资源。这既是祭奠先人的需要，又能教育当代人，使他们在这种神圣、庄严、肃穆的社会氛围中接受心灵洗礼。这些对于我国如何让人们不忘英雄人物、传播红色文化精神，具有重要借鉴意义。红色人物和英雄模范是红色遗迹、遗址、文物的创造者和实践者，博物馆、纪念馆等也是后人根据英烈生前的创造进行整理间接创造的。爱国为民、清正廉洁、创新思维、艰苦奋斗等红色精神是红色英烈在前仆后继的革命生涯中创造的，并深刻地注入我们的民族意识中，成为伟大民族精神的一部分。开展群众性公祭英烈活动，进行群体感化，无疑升华了红色文化的精髓，也是传承发展红色文化和开展红色文化育人工作的重要方式。特别是在信息化时代，草根文化、网络文化等严重冲击了红色文化的先进性和崇高性，红色经典、英雄人物在网上被随意恶搞的现象屡见不鲜。通过群体感化，对红色人物哀悼追思，就会使人自发产生对红色英烈的敬仰和爱戴之情，自觉抵制种种戏说、解构红色文化的历史虚无主义行为，在多元文化中选择红色主流文化。

三、对党员干部进行红色文化教育

政治路线确定之后，干部本身就是决定的因素。中国共产党特别是党员领导干部的思想素质、作风状况如何，直接关系到中国特色社会主义事业的成败。所以，要重视对党员干部的红色文化教育，通过学习培训、廉政文化教育等来提高党员党性修养，更好地发挥党员干部在红色文化教育中的示范作用。

（一）对党员干部进行红色文化教育的必要性

中国共产党是中国特色社会主义事业的领导核心，中国特色社会主义道路需要在中国共产党的领导下才能够坚定不移地走下去。应引导党员干部树立正确的世界观、权力观和事业观。这就明确要求必须在党员干部中加强红色文化教育。

对党员干部进行红色文化教育，是加强理想信念教育和党性修养，始终保持党的先进性和纯洁性的需要。随着改革的深入和开放的扩大，各种思想文化的相互激荡，有一些党员领导干部理想信念淡薄，学用脱节，个别地方党群、干群关系紧张。这些问题削弱了党的凝聚力和战斗力，损害了我们党在人民群众中的形象和威信，影响党和政府的公信力，影响了社会主义现代化建设的顺利进行，也制约了红色文化在全社会释放真正的价值。所以，加强党员干部红色文化教育，就是挖掘红色文化中有助于提高党员干部党性修养方面的内容，并使之更好地发挥作用。党的十八大对党员干部如何在实际工作中坚定理想信念、坚持以人为本、执政为民提出了具体要求。因而，我们必须提炼红色文化中的理想信念、为人民服务宗旨、创新等思想精神，来为新时期加强党的先进性建设服务。

（二）发挥党员领导干部在红色文化教育中的引领带动作用

榜样是旗帜，更是力量。加强党员干部红色文化教育要求党员干部以身作则，做传播红色文化的表率。党的十八大指出，党员干部要"做社会主义道德的示范者、诚信风尚的引领者、公平正义的维护者"。广大党员尤其是党的领导干部对红色文化的认同和坚守程度，成为整个社会弘扬和践行红色文化的风向标。红色文化是中国共产党领导广大群众和先进知识分子在百余的历史活动中形成发展的，与中国共产党的历史、命运紧密相连，包含共产党的政治理想、思想观念、爱国情怀等。传承、倡导、领导红色文化的主体是中国共产党，特别是党员领导干部。只有党员干部自觉学习、践行红色文化，"增强自我净化、自我完善、自我革新、自我提高能力"，把自己教育好，才能成为教育者和倡导者。与此同时，党员干部要认识到，能否引导全社会成员学习、践行红色文化并凝聚社会力量共同致力于建设中国特色社会主义伟大事业，自身榜样示范作用至关重要。只有党员领导干部带头学习、践行红色文化，提升自身党性修养，才能提升红色文化在广大人民群众心中的认同感，使红色文化精神、红色文化的核心价值观深入人心。

（三）对党员干部进行红色文化教育的方法

加强党员干部红色文化教育，首先要加强廉政教育，增强党的战斗力和凝聚力。可以结合当前党风廉政建设方面存在的重点突出问题，用革命、建设时期的廉政精神武装党员领导干部头脑，打牢防腐拒变的思想底线。加强崇高坚定的理想信念教育、党的群众路线教育，以此作为党员领导干部廉政教育的永恒主题，促使党员干部保持强烈的宗旨意识和使命意识。加强革命传统教育，引导党员干部继承弘扬艰苦奋斗、勤俭节约的优良传统作风。把提高思想道德修养作为教育的重点，引导党员干部自觉加强自身修养，遵守基本道德准则，自觉讲党性、重品行、作表率。

其次，可以通过参观博物馆、纪念馆等红色文化基地，聆听革命传统讲座等形式对党员干部加强党的先进性教育。2012年11月29日，习近平总书记率中央政治局常委同志等到国家博物馆，参观《复兴之路》基本陈列。该陈列分 5 个部分，即我国沦为半殖民地半封建社会、探索救亡图存的道路、我们党担负民族独立和人民解放的重任、建设新中国以及走中国特色社会主义道路，共有 1200 多件文物和 870 多张历史照片。每幅图片、每件实物、每张图表、每段视频，都把人们带回了近代以来中华儿女为实现民族复兴走过的那段跌宕起伏、波澜壮阔的难忘岁月。习近平总书记等领导干部仔细观看展览并认真听取工作人员讲解。在参观过程中，习近平指出，实现中华民族伟大复兴，就是中华民族近代以来最伟大的梦想，需要一代代中国人共同努力，并称"空谈误国，实干兴邦"。可以说，习近平总书记的足迹为党员干部的红色文化教育提供了范本。通过参观红色文化基地来接受优良传统教育，弘扬伟大红色精神，是党员干部进行红色文化教育、提高党性修养的好方式。党员干部还可以通过革命传统讲座的形式接受红色文化教育。同时，随着时间推移，历经革命的老红军老战士越来越少，党员干部可以通过录制相关录像、整理口述史等方式将这些资源进行保存，以便更好地学习。此外，还需要发挥全国各省、市党校系统的作用，党校可以结合当地红色文化资源的特色，开展党员干部培训活动，编写学习红色文化的教材。

第三节　创新红色文化内容及传播方式

文化创新是文化发展的实质，更是保持文化多样性的重要手段。在新形势下，弘扬红色文化，实现其育人价值，就要推动红色文化的创新，要在内容和形式等方面加大创新力度。既要规范红色经典改编，创作红色文化精品，又要因地、因时制宜，发挥大众媒体和新媒体的独特优势来传播红色文化，增强红色文化传播能力，更好地实现红色文化的教育价值。

一、创作红色文化产品

精神产品和社会文化生活对人们的思想观念、道德情操有着潜移默化的影响，必须重视发挥精神产品的社会教育功能。要实现红色文化的育人价值，丰富其内容是根本。对于当今红色文化产品受到恶搞、解构的现象，我们要重视和规范红色文化经典的改编，把尊重原著的核心精神与引领大众的精神需求结合起来，努力创作出新的红色文化精品力作，满足人们不断增长的精神文化生活需要。

（一）规范红色经典改编

红色经典是曾在全国引起较大反响的革命历史题材文学作品，它是红色文化的核心元素和基本载体。红色经典改编是历史与现实的交响，对于红色文化育人价值的实现有着十分重要的意义。改编红色经典需要尊重原著核心精神和大众的认识定位，在适应中引领人民群众的精神需求，注重育人的隐性化和实效性。

第一，红色经典改编要尊重原著的核心精神。红色经典真实记述了我党我军的光荣革命历史，生动描述了无数革命仁人志士的英勇奋斗和宝贵创造，凝聚着革命英雄主义精神、理想主义光辉、爱国主义情怀。因此，改编红色经典的根本前提就在于尊重红色经典。在红色经典改编过程中，必须把红色文化育人价值的实现放在首位，深刻把握红色经典原著的核心精神内涵和基本价值意蕴。坚持弘扬时代主旋律和对真、善、美的价值追求，坚持尊重原著的核心精神，不能为了经济利益而人为地扩大作品容量，稀释作品思想，用新、奇、怪等方式糟蹋红色经典。

第二，红色经典改编要注重引领人的需求。优秀的精神作品在帮助人们正确认识生活的同时，也影响着人们对生活的看法和态度，能引导人们树立科学的世界观、人生观和价值观。红色文化产品必须把广大人民群众的精神需求引导到正确、高雅的轨道上，抵制和消解当今社会的歪风邪气给人民精神和心理带来的负面影响。

具体而言，改编红色经典要尊重人民群众的认识定位和心理期待，比如，对待中老年人，红色经典改编要把握这种长期形成的稳定集体记忆和强烈怀旧心理，适当保持老照片似的"褪色"基调，能够让他们重温和回味历史；对待广大青少年，红色文化改编可适当加入一些富于现代性的"彩色"，使红色经典重新焕发出新时期璀璨的光芒。

（二）创造具有时代气息的红色经典产品

历史充分表明，凡是经得起时间考验，能够流传至今的经典文化作品，都做到了知识性、思想性、艺术性与观赏性的有机统一，而那些公式化、概念化、脸谱化，仅仅为了单一的应景配合而生产出来的产品，早已湮没在时间的尘埃里。21世纪，红色文化经典作品的创造必须融合多种文化元素，弘扬主旋律，深入了解受众的行为习惯和思维方式，摆脱过去的谨慎叙事和严肃说教，才能让人们铭记鲜活的历史，达到宣传教育的目的。美国好莱坞电影畅销全球，有媒体称好莱坞电影是"铁盒里的大使"。这种影片之所以受到大众的欢迎，就在于它善于抓住受众的共生心理，在"隐性"状态下传播其价值观念。

我们要深入挖掘红色文化的精神内涵并赋予其时代价值，从而塑造出当代人喜爱和认同的"红色人物"形象，使红色文化为社会主义先进文化注入不竭的前行动力，保证先进文化的"红色血脉"生生不息。红色文化产品要得到年轻人的认同和接受，可以通过对红色经典影视作品的包装、设计，注入一些时尚元素、偶像元素，使其富有时代感，才能让当代青年更好地感受到昔日先辈的所思所感所行，打破时代隔膜并产生心灵的共鸣。比如《恰同学少年》《建党伟业》《觉醒年代》《长津湖》等以"全明星"阵容或"青春"为号召，为我们探索了一条承接传统的创新之路。那种平实、平易的叙事表达方式和青春靓丽的唯美风格，既坚持了"红色文化"的基本立场，烘托出红色文化精神的崇高内涵，又显示出"发乎情止乎礼"的审美特征，有效地满足了受众多方面的审美需求。这样，红色影视剧坚持观赏性与故事性的统一，在还原革命历史的同时增强剧情的吸引力，避免"政治说教"，打破以往"高、大、全"的脸谱化，深刻挖掘和充分展示革命领袖和英雄人物的内心世界，从而提高了红色文化在人们心中的地位，促使人们在多元多样文化中自觉选择红色文化，使其育人作用得到了很好发挥。

总之，创新红色文化内容，规范红色经典改编，创作新时期红色精品力作，才能最大限度地实现"较大的思想深度和意识到的历史内容同莎士比亚剧作的情节的生动性和丰富性的完美融合"。这不仅不会冲淡神圣庄严的红色历史，不会冲淡人们心中那种敬仰，反而使历史在可亲、可感、可触中给人们带来更深刻的震撼和更真切的感受，对那段岁月的崇敬之情、敬畏之心油然而生，从而涤荡思想灵魂。

二、运用大众媒体传播红色文化

文化传播是"以改变人的思想观念为目的，以建立一套社会主流文化系统和态势为目标的思想文化传播活动"。先进文化的主导地位是在竞争中获取的，但是文化发展的基本规律表明，先进文化并不是总能够在多元多样思想文化中占据优势。红色文化是中国特色社会主义先进文化的一部分，如果不宣传、传播，不增强自身传播能力，就会影响其育人价值的实现。电视、广播、杂志、报纸等大众传统媒体集思想性、经济性、普及性于一身，由于时间悠久拥有强烈的群众信赖感，在当今社会仍是思想文化传播的主阵地及党和国家弘扬时代主旋律并与人民群众密切联系的主阵地。因此，我们要充分认识媒体在传播红色文化、发挥红色文化育人价值过程中的重要作用，把红色文化的思想内涵融入各类媒体的宣传报道之中，让人们在享受娱乐和审美的同时，获得精神上的收益与道德上的感化。

第一，发挥电台、电视媒体作为红色文献纪录片传播的主渠道作用。如今电视已进入千家万户，人们可通过观看红色影视剧熟知党史党情，回忆激情岁月，增强爱党爱国之情。《开天辟地》《亮剑》《长征》等影视剧，"激情广场""爱国歌曲大家唱"等红歌传唱节目，都在全国各地引起很大反响，获得了非常好的宣传效果。可见，电视媒体仍然是人们接受文献纪录片的主要渠道。因此，电视传媒需要重视自己宣传红色文化的社会责任，创作和传播精品力作，发挥自身的影响力。

第二，编辑出版红色报刊书籍，传播红色知识，推动红色教育。中国出版集团联合多家出版社出版了红色经典连环画，如《毛泽东同志在陕北》《地球上的红飘带》《南京路上好八连》等新中国成立以来的优秀作品，用这种图文并茂的表现手法、通俗易懂的叙述特点生动描摹了中国共产党领导全国人民建立新中国的光辉历程，展现了时代的主色调，增强了人们尤其是青少年学习党史的积极性、主动性，坚定了对党的信念。《社会主义在中国》《苦难辉煌》《毛泽东传》等红色书籍畅销，这些经典著作让我们铭记历史的同时，更加强调观照现实、反映后代，注重弘扬民族精神、培育民族自信。《忠诚与背叛——告诉你一个真实的红岩》被赋予新的时代背景，打破小说《红岩》"典型化"的局限性，还原一段真实的历史，激起读者的好奇心，让读者从作品中看到一部红岩斗争的真实历史，全面体现了中国共产党人的党性原则与人性精神世界，从而给读者留下深刻的印象，提高了红色文化的传播能力和育人效果。

第三，加强对大众媒体的监督管理。首先，要强化媒体工作人员的理论修养，在内容上侧重对党和国家方针政策的宣传，及时宣传实际生活中具有社会责任意识和奉献意识的典型人物和先进事迹。其次，媒体宣传必须立足于大众，坚持面向群众、服务群众和引领群众、鼓舞群众的基本原则，始终坚持思想性、艺术性与观赏性的统一，切实做到精品运作市场化、红色经典大众化，这样，媒体宣传才能赢得人心，满足大众积极健康向上的精神需求。再次，媒体宣传应该始终高扬时代主旋律，以强烈的艺术感染力充分展现红色文化丰富的色彩，并寻找其与时代精神的切合点。最后，加大传统媒体行业的改革力度，依法打击以权谋私、权钱交易等违法违规行为，发挥媒体作为"党的喉舌"的作用，倾听和反映民众心声，引导人们树立社会主义的共同理想信念，正确认识走中国社会主义道路的历史必然性和我国社会主义制度的优越性。

三、运用新媒体传播红色文化

当今社会，新媒体已成为人们生活的一部分，影响人们的生活方式、行为方式和思想观念。交流的互动性、便捷性，信息的丰富性和共享性，多媒体化和个性化服务是新媒体的主要优势。结合这些优势，充分运用新媒体，创新红色文化传播方式，运用多种先进技术设计红色网站、建立网络红色旅游馆、开发红色游戏、加强对新媒体的监管等无疑有助于扩大红色文化的受教育面，促进红色文化的有效传播，增强先进文化的传播能力。

第一，运用多种技术设计美化红色平面网站。比如中国红色文化网、重庆红岩联线等，通过开发红色文化网站，将真实的史实资料、有历史印迹的图片、拍摄的红色音像资料、红色故事等放在网页上，及时发布与当地红色文化相关的信息和新闻，使人们只要上网就能够阅读、浏览、下载红色文化信息资料，相互交流学习体会，开展红色文化论坛，随时随地接收红色文化的熏陶感染，尽享红色文化的"精神盛宴"。当然，建立红色网站还要考虑大众需求和接受习惯，要运用声音、视频、声像等符号媒介，可以在红色文化网站上设置一些以红色文化为主要内容和背景的游戏。

第二，创办红色虚拟旅游立体网站。虚拟旅游是建立在现实旅游景观基础上，通过利用全维模拟技术如4D技术，再现现实景观，构建虚拟旅游环境，使人们相隔千里就能实现对红色文化的"近距离接触"，如同身临其境进行实地旅游一样。比如中国网络电视台建立的300多个网上展馆，为人们提供了足不出户就参与红色旅游的平台。中国共产党新闻网的党史频道推出了4D网上虚拟党史人物纪念馆，大量翔实生动的文字资料及珍贵的历史照片记录革命英雄人物的辉煌事迹。特别是"中国网络电视台红色旅游网络传播平台"正式上线，拉开了用新媒体手段传播红色历史文化，塑造中国红色旅游网络品牌的序幕，推动了爱国主义教育活动的开展。由中宣部宣教局、中央党史和文献研究院宣教局等共同组织的"寻访革命足迹，弘扬民族精神"网上红色旅游活动拉开帷幕，该活动把革命历史知识与互联网时尚元素相结合，使网民通过网上红色旅游形式，重温中国共产党的红色历程，加深了对党史、国情的了解。这些对于教育和引导人们尤其是当代青少年充分认识中国共产党领导、社会主义道路和改革开放的必然性，坚定理想信念，增强历史责任感具有现实意义。

第三，加强对新媒体的监督和管理。新媒体作为当今思想文化的集散地和社会舆论的放大器，也有一些虚假信息、消极腐朽文化、恶搞红色经典等，能否积极利用和有效管理新媒体，直接关系到红色文化的健康发展和红色文化的育人效果。因而，要高度重视新媒体的建设和管理，增强文化的传播力和竞争力，使其成为传播红色文化的新阵地、公共文化服务的新平台、人们健康精神文化生活的新空间。具体而言，要加强对互联网等新媒体的监督和管理，积极做好网建工作，着力把重点新闻网站如人民网、央视国际、新华网、新浪、网易等做大做强，使其成为传播红色文化的权威信息源和强势传播媒体，并通过主流网站和样板网站形成示范效应并不断扩大辐射范围，建构开放、便捷的红色文化网络宣传系统；加强网络道德建设，构建网络道德体系，加强网民道德自律的引导；建立健全相应的法律法规，建立网上监控、制约系统，使不良信息在网上无处遁身；要正确认识网络渠道的重大意义，防止红色文化网站建设的形式主义化，使红色文化的宣传教育成为"形象工程"的牺牲品。只有这样，才能使新媒体成为人们接受红色文化教育的新手段，促进红色文化育人价值更有效地实现。

总之，文化育人的方式之一是要依靠教育。要实现红色文化的教育价值同样离不开教育。只有加强对不同群体的红色文化教育，增强文化育人的针对性，才能更有效地实现红色文化育人的价值。

第四节　合理开发利用红色文化资源

红色文化资源是我们党领导人民群众在革命时期创造并在改革开放新时期不断发展，可为我们今天所利用，具有当代价值的红色精神及其物质载体的总和。红色文化基地既是整合优化文化资源的大熔炉，也是繁荣发展文化内容的孵化器，更是传承发扬红色文化精神的策源地。红色文化教育作用的发挥必须依托于红色文化基地，要加强对红色文化资源的保护，形成全社会保护红色文化的氛围，为红色文化育人提供良好的物质载体支撑；整合红色文化资源，实现"红绿""红古"结合；创新旅游景区展示手段和体验开发模式，打造红色旅游品牌，提高红色旅游吸引力。

一、加强保护红色文化资源

文化遗产作为国家的一种文化积淀、文化基因、文化密码，是一个国家走向现代化的文化根基，更是一个国家自尊、自信、自立、自强的精神源泉。文物遗址的毁灭，好比是人类社会一段历史的残缺和一段文明的逝去。真正释放红色文化的育人价值，必须加强对其保护，引导全民树立保护红色文化的意识，形成政府主导与公众参与的保护格局。

（一）引导全民树立保护红色文化的意识

革命遗址遗迹、陈列馆、纪念馆、展览馆、烈士陵园、红色文学等红色文化，是不可再生的珍稀文化资源。红色文化是对中国历史的肯定，更是对中国特色社会主义发展道路的认同和坚持。只有保护红色文化，才能更好地守护中华民族赖以生存发展并且引领中华民族走向未来的文化根脉，才能发挥文化教育人民的作用。保护红色文化不仅要通过亲历采访、见证者、文物征集、实地考察等形式收集、挖掘、整理红色文化典籍和历史文献资料，也要重视对无形的红色精神文化的保护工作，特别是那些潜藏的、暂时未被发现或开发利用却带有红色文化性质的资源，比如散落在民间的红色革命文物、红色标语、红色艺术品，长期尘封在档案馆的红色史料，没有引起重视的小型战斗红色遗迹，等等。这些都是红色文化气息浓厚的宝贵资源，需要用透明的眼光、珍惜的态度集中全力进行挖掘，进一步充实完善红色文化。要充分运用报纸杂志、广播电视、网络等媒体，经常举办展示、讲座、论坛等形式多样的主题活动，普及红色文化保护成果和法律法规知识，对宣传得力的单位，表现突出的个人、公民团体给予物质或者精神奖励，以便在社会上形成良好的保护氛围，增强全社会保护红色资源的意识，切实有效地发挥各个层面的红色文化在育人中的作用。

（二）构建政府主导和公众参与双管齐下的保护格局

只有形成政府与公众共同保护红色资源的局面，才能切实保护红色文化的完整性、真实性以及整体环境，做到红色文化资源的保护和开发利用同时同步进行。政府的主导作用主要表现为在保护红色文化过程中对人力、财力、物力等诸要素的投入，以及政策调控和引导等方面。在政府作用发挥不到位或不够的领域，比如红色文物捐赠、红色文物认护、红色文化保护资金募捐等，可以动员和鼓励企业、公益团体、基金会等全社会的民间力量参与红色文化的保护工作。特别是由于红色文化资源分布广泛、数量多、保护难度大，更应该依靠全社会的共同力量，引导全民关注，鼓励社会捐助。群众的力量是无穷无尽的，保护红色文化同样离不开群众的参与。只有形成政府主导、大众参与为辅、政府与大众协同保护的格局，才能更好更有效地促进红色文化的传承发展和红色文化育人作用的发挥。

（三）制定保护红色文化资源的法律法规

只有依靠法律的强制性，才能从根本上有力地遏制和减少无规范或反规范行为，确保市场经济下的现代社会健康发展。法律法规不仅是维持社会正常秩序和调整社会关系的基本尺度，而且也是保护红色文化资源的重要着力点。通过出台保护红色文化资源的法律、法规、条例，采取严格的奖惩赏罚举措，能够使保护红色文化资源的工作走上法制化轨道，并尽量减少愈演愈烈的红色文化遗址遗迹流失破坏等现象的发生。现阶段，《中华人民共和国文物保护法》是革命文物立法的基本指导思想，但仍需要大量配套法律法规进一步补充完善。《中华人民共和国文物保护法实施条例》等法律法规中涉及的红色文化遗址遗迹受到全社会的高度关注。现有法律中对偏僻、交通不便地区的红色文化，尚未发现的红色文化资源和红色文学、红色歌谣标语口号等精神层面的红色文化缺乏相应保护。所以，主管部门应该根据红色文化物质形态、精神形态的特点，完善保护红色文化的法律法规，使红色文化资源的保护有法可依。同时，更要贯彻落实这些条例，加强执法力度，严格按照相关法规从事保护管理，做到执法必严、违法必究，防止徇私枉法。只有这样，才能使红色文化资源置于法律保护之下。

二、整合红色文化资源

资源对人类社会发展的价值在于其效用性，资源的有用性、稀缺性等属性在红色文化资源中得以体现出来。红色文化为社会主义先进文化建设、社会主义核心价值观的培育和践行提供了精神高地和价值支撑。实现红色文化教育价值，需要整合红色文化资源，打破行政区划，将以往单一分散式的开发改为集约型、整合式开发，加强区域合作，避免红色文化成为"闹市中的孤岛"，最大限度地发挥红色文化资源的教育优势。

（一）实现红色文化资源与当地绿色生态有机整合

开发红色文化资源，实现文化育人的价值，既要靠"红色"吸引人，又要靠其他资源，形成优势互补。利用红色文化资源的辐射能力，带动相关景区及沿线的开发，特别是与生态环境保存较好的自然景区相结合，实现从"完全红色"向"以红为主，红绿结合"转变。我国革命老区分布在27个省、自治区、直辖市的1300多个县、市、区，多数是山区和丘陵地带，绿色景观、生态环境优美独特、清新自然，有的革命纪念地还是国家级或者省级风景名胜区。开发红色文化应以红色为基调，把爱国、敬业、诚信等社会主义核心价值观融入其中，体现红色人文精神，又要以绿色生态为补充，深入挖掘红色文化资源附近的自然资源，打造红色文化资源与绿色资源结合的知名品牌，在促进当地经济发展、居民生活水平提高的同时发挥先进红色文化温润人、滋养人的作用。享有"革命摇篮"和"绿色宝库"之称的井冈山利用独具特色的"红""绿"资源优势，提出了"红绿结合旅游兴市"的战略，推出了许多"红""绿"交相辉映的红色旅游精品线路，吸引了全国各地的游客，成为"红""绿"结合、整合开发红色文化资源的成功范例。

（二）实现红色文化资源与民俗文化相结合

在我国众多红色文化资源丰富的地区，并不是所有的景区都像绍兴、井冈山那样拥有良好的生态环境。对于经济发展水平相对落后的革命老区来说，那里的民族风情、民俗民风也是红色文化资源开发的极好结合点。民俗文化是以物质、口头、行为、风俗等非官方、非正式的形式进行传播的文化，是一种文化意识，更是社会生活的一部分，是上升为更高层次文化体系的基础。众多的民俗事项当中既有精华也有糟粕，那些对人类社会发展能够起到推动作用并将长期存在的部分才能够上升为更高层次的文化。

在推动文化大繁荣大发展的环境下，挖掘与红色文化资源相随相伴的民俗文化，把红色文化精神融入"和而不同"的地域文化中，实现"红""古"结合，形成古今相映、雅俗共赏的新格局，便于提升红色旅游的吸引力和市场竞争力，增强红色文化资源开发和育人的实效性。

（三）整合区域红色文化资源

区域联合就是进行跨行业、跨领域、跨地区的红色文化资源整合。加强区域红色文化合作是实现红色文化育人价值和红色旅游可持续发展的必由之路。实现区域联合，第一，要以政府为主导，进行宏观调控，突破行政区划限制，防止条块分割。红色文化资源所在地政府要发挥积极性和主导作用，协调好各种利益关系，形成公平竞争、机会均等、利益兼顾的协调机制，消除地区市场壁垒，共同解决合作中出现的不协调现象，以实现利益共享，避免盲目、过度竞争。第二，要整合规划，树立大旅游、大市场的理念。把全国作为一个系统，各地红色文化作为分支。统筹兼顾不同层级的红色文化，促进红色文化产品在市场上自由流动。

（四）形成红色文化资源整合开发的合力

整合红色文化资源，发挥红色文化教育作用，需要形成一股合力。对此，第一，要建立党委宣传部门领导下的行政负责制，成立专门的联合开发协调领导机构，积极建立以研究中心、研究所为实体的开发联合体，为红色文化整合开发提供组织保障。第二，组建以政府投入为主，高校、企业和社会共同投入的全员性保障体系，建立以文献研究室、科研院所、高校历史博物馆、革命博物馆和政策研究室研究人员等为骨干的研发队伍，充分发挥社会力量与专业研究人员在红色文化开发利用及研究中的作用，形成联合研发、齐抓共管的良好局面。第三，切实利用好研发力量和社会力量，开辟一条内外结合的渠道，形成集科研、新闻出版、宣教、影视、理论和网络于一体的整合开发的道路，促使红色文化开发取得整体社会教育作用。总之，通过对各地红色文化整合协调，加强纵向联系和横向联系，实现各地红色文化资源的共享互补，才能增强红色文化宣传教育的实效性。

三、创新红色文化资源开发模式

开发利用红色文化资源，要创新红色文化场馆基地展示手段，运用声、光、电等现代技术，将过去的静态橱柜展示升级为动静结合的展示；进行情景模拟、亲身体验，打造红色旅游景区文艺品牌，从而使人们感受到自然之美和精神之美的双重变奏，在无形中接受红色文化知识的汲取、心灵的震撼、精神的激励和思想的启迪。

（一）红色文化场馆基地要创新展示形式

博物馆、纪念馆、烈士陵园等文化场馆的红色革命文物展示的是历史，要让现实中的人们从历史中找到情感共鸣和结合点，必须缩短历史和现实的时空距离。因而，要重视采用现代传媒技术手段和新颖的陈列展示手法，把传统的"静态"展示拓展为现代的"动态"展示，把红色文化的精神价值外化出来，将红色革命文物深刻的思想内涵以图文声像并茂的形式活灵活现地展示在人们面前，以主题鲜明、具有思想性与现实针对性的陈列展览震撼和教育人们，增强红色文化的感染力和吸引力，使人们在娱乐中接受教育、磨砺斗志，使红色文化更好地发挥育人的功能。

井冈山革命博物馆首个提出"红色经典、现代表述"的理念，采用三维造型艺术、舞美技术和声光电、多媒体等技术，以现代的展陈语言来表述红色历史。《井冈山革命斗争全景画》用艺术形式真实反映了三湾改编、井冈山会师、黄洋界保卫战等重大历史场景，直观形象生动地展示了五百里井冈绿色风光和井冈山革命斗争的伟大实践，使红色陈列物从"平面化"变得富有"立体感"。通江县红四方面军总指挥部旧址纪念馆，是全国爱国主义教育示范基地，其旧址是全国重点文物保护单位。该纪念馆启动陈列改进项目，聘请重庆红岩联线专家编制了改进陈列方案。该馆在原"巴山烽火"陈列主题不变的基础上，不断充实、补充和完善陈列内容，充分利用现代科技手段和科技产品强化展示方式，强化视觉冲击力和精神震撼力，加强了展示手段和保护设施，提高了宣传教育的实际效果。

（二）通过情景模拟、亲身体验等形式提高景区吸引力

只有体验的东西，才能内化于人的生命之中，融化为生命的一部分。从这个意义上说，体验是进入生命的重要通道。只有亲身体验的事物，印象才深刻，学到的知识才更加扎实明白的道理才能终生受用。因此，要让红色文化入脑、入心，体验先行。对于当代青年人来说，他们多数没有经历过那个浴血奋战的革命战争年代，对革命历史既缺乏感性认识又有较少的理性思考。红色旅游体验是红色旅游者对红色旅游目的地的事物、事件的直接观察或者参与并形成感受。通过运用体验式教育，重新设置历史情境，能够充分发挥人们的主体作用，让人们身临其境，将情感和灵性融入红色旅游产品之中，深刻感受、体验和领悟约以文化，理解红色文化的精神内涵，树立理想信念。

当下，许多红色旅游景区通过再现情景、亲身体验或情景模拟，使旅游景区"活"了起来，提升了红色旅游的吸引力，更好地发挥了红色文化育人的作用。在瑞金叶坪景区，一些游客穿上粗布军装和老区人民手编的草鞋，参与"送郎当红军"的生动表演。通过现场感受、亲身体验，人们似乎回到那个军民情深、战火纷飞的岁月，感悟当年革命根据地广大工农红军在党的领导下众志成城、艰苦奋斗、共同御敌的精神，给人以心灵的震撼和精神的鼓励。在井冈山走一小段红军小路、向革命先烈献一束花、听一堂传统教育课、吃一顿红军套餐、学唱一首红军歌谣、看一场红色歌舞；在赣南赏客家舞、品农家乐；在赣东北看《可爱的中国》；在延安通过重新再现老一辈无产阶级革命家指挥全国战争的情景以及他们的文化生活，或策划革命战争场景等一些参与性节目，如游客穿红军服、学唱信天游、摇木纺车等，尽情体会陕北的独特风情，切身感受伟大的延安精神……这些都使革命传统教育浸染无数游客，真正入脑、入耳、入心，必然对人们产生巨大的吸引力和感染力。

（三）打造红色旅游景区优质文化品牌

在多样多元文化背景下，要使红色文化"化人"的功能有效发挥，就要打造文化品牌，实现红色文化产品占领市场，能够成功到达消费者手中并被他们接受。像美国好莱坞的电影大片、意大利的足球联赛、德国贝塔斯曼的图书出版、日本的动漫、英国的流行音乐、韩国的电视剧等产业品牌，无疑增强了其本国文化的影响力。发展红色旅游也要如此。各级革命博物馆、陈列馆、纪念馆、革命烈士陵园、展览馆等单位要围绕文化育人的中心任务，挖掘自身潜力，创作出富有自身特点的图书、影视剧等精品。比如西柏坡推出大型实景剧《新中国从这里走来》，重庆红岩联线推出了越剧《红色浪漫》、儿童剧《小萝卜头》、话剧《天下为公》、京剧《江姐》《张露萍》等以革命历史为主题内容、反映革命精神的红色经典作品，这些都使人们在直观生动的观赏中接受文化的熏陶、心灵的净化以及人生的启迪。

（四）努力拓展红色旅游区资金渠道

红色旅游景区建设要投入一定的经费，用于进行基础设施建设、优化展示手段、加强对资源的保护开发、开展对导游和讲解员的培训工作、聘请专家进行宣讲活动等。只有这样，才能更好地使红色旅游发挥教育人、感染人的作用。所以必须拓宽景区投资融资渠道，使各项工作有效开展。对此，一方面要把红色旅游景区开发利用所需经费纳入国家财政计划，景区所在地政府要加大对景区建设的投资力度。特别是对于一些经济基础比较薄弱的革命边穷地区的重点革命旧址、革命纪念建筑、革命烈士纪念场地的开发，政府应该拨出专款。另一方面，要拓宽民间、企业等投资渠道。在市场经济条件下，要把市场机制引入红色旅游发展之中，把发展文化产业与红色文化开发利用、发展红色旅游结合起来，以资本运作形式，将红色旅游开发项目通过合作、招标、控股等方式出让经营权，吸引资金参与红色旅游景区建设，争取形成多元化、多层次的投入格局。此外，景区所在地政府和管理部门应该发挥积极主动性，将红色旅游优势转为红色产品优势，扩大市场占有比例，实现经济效益与社会效益的统一。

总之，红色文化资源作为一种教育资源和文化资源，只有在合理开发利用之后才能发挥其教育作用。通过保护红色文化资源，整合开发红色文化资源，发展红色旅游，创新红色文化基地和爱国主义教育基地的展示手段，提高相关人员的素质等方式，使文化育人的价值得以实现。

红色文化是物化形态、精神形态和制度形态的有机统一。红色文化最重要的是红色精神，是中国共产党领导广大群众改造社会实践活动创造的先进文化。文化是人类智慧的结晶，文化的价值在于创造、铸造精神和灵魂，思政育人是红色文化最根本的价值。

红色文化的教育价值具体表现为理想信念的导向价值、精神动力的激发价值、道德品质的示范价值、健康心理的保障价值。在现实中，红色文化教育价值的实现存在宣传教化形式化、宣传渠道单一、开发利用低俗低层次、宣传上出现恶搞倾向等问题。产生这些问题的原因有市场经济的影响、多元文化的文化生态格局的冲击、历史虚无主义思潮的误导，以及教育对象主体性、差异性增强给红色文化育人带来严峻挑战。要保证红色文化教育价值的实现，我们应坚持理论指导与实践养成相结合、先进文化引导和区分不同层次相结合、社会效益和经济效益相结合的原则。加强对青少年、人民群众和党员领导干部的红色文化教育，引导人们自觉参与到红色文化主题创建活动中来，发挥党员领导干部的模范作用。要创作红色文化精品，利用新媒体创新红色文化传播方式，并加强整合，开发红色文化。

第五节　红色文化融入思政课的多维向度

——以"红船精神"为例

"红船精神"作为中国共产党革命历史文化传承与发展的精华内容，成为新时代思政课中必须渗透的重要内容。将"红船精神"融入思政课，通过深刻理解其精神内核、延长教育时效、拓展课程资源、建设网教平台，更进一步促进当代大学生形成科学正确的思维方式、行为习惯、信仰力量以及深层内化能力，培育大学生社会主义核心价值观。

早在 2005 年，时任浙江省委书记的习近平同志首次提出"红船精神"的概念，并阐述其科学内涵，即"开天辟地、敢为人先的首创精神，坚定理想、百折不挠的奋斗精神，立党为公、执政为民的奉献精神"。"红船精神"一方面彰显了中国共产党走在时代前沿、开拓创新、不断创新的心声与姿态，另一方面体现出中国共产党全心全意为人民服务、尽责奉献、责任担当的追求与实践，所以在新时代中国的发展中具有重要的指引和领导的载体价值。将"红船精神"融入思政课教育当中，更有利于维护中国当前意识形态安全，促进社会主义核心价值观在中国大学生群体中的深入传播与内化，与此同时推动思政课的相关教育改革。"红船精神"融入思政课，应具有多维向度，着重培养当代大学生正确积极的思维方式、行为习惯，增强大学生信仰力量，使思政知识内涵实现自我深层内化，帮助大学生形成科学的世界观、人生观、价值观。

一、深挖精神内核，促"精神实质"转"思维方式"

马克思主义思维方式是当下学术界重点关注的基本话题，亦是我们认识世界的根本方式，其主要由实践思维、批判思维、历史思维、人本思维等相互联系又相互区别的思维方法组成。在传承中国传统文化方面，作为中国革命文化和社会主义先进文化重要组成部分的"红船精神"，蕴含着首创、奋斗、奉献、担当、为民、创新等精神实质，深挖其精神内核，将"红船精神"研究制度化、常态化，并主动与党史、改革开放史、新中国建设史、中国梦等知识有效对接，并赋予其时代价值，能有效帮助大学生运用其中所蕴含的"精神实质"转变为良性积极的"思维方式"，进而引导大学生树立正确的思维方法。

首先，"红船精神"与"四史"教育对接。"红船精神"本就是中国革命历史的积淀，将其与革命历史相结合，更能体现出"红船精神"的精神内涵。以"红船精神"的科学内容为引子，实现思政课的知识点内容再造。对接"四史"，即强化党史、改革开放史、新中国建设史、社会主义发展史教育。在针对当代大学生群体开展的思想政治课程教学实践过程中，任课教师基于历史性回顾分析的方式，为当代大学生群体讲解介绍"红船精神"的形成演化过程、基本内涵，以及在当代社会生活实践活动开展过程中所发挥的综合影响价值，在提升当代大学生群体对"红船精神"的认识理解全面性和深度条件下，赋予其全新的思维方式。以"红船精神"为马克思主义中国化思想起点开始，深刻阐释以马克思主义为强大理论指导的中国革命、建设、改革的历程，从中国共产党的成立、发展、壮大，由失败走向胜利 70 多年的苦难辉煌，中国从站起来、富起来到强起来的伟大历程中感悟马克思主义普遍原理与中国实际相结合的客观认识事物、实事求是、具体问题具体分析的实践思维。在波澜壮阔的改革开放奋斗史中，领悟党带领人民面对重大挑战、重大问题、重大风险中敢于斗争、敢闯敢试，正确处理周边各种复杂关系的哲学思维和改革创新、锐意进取、敢为天下先的创新思维。从以上"四史"的教育中，引导大学生树立广阔的，历史、国际的大战略视野，形成"三观"的大格局、大胸怀和大志向，培养学生的辩证唯物主义的历史观和历史思维。

其次，"红船精神"与中国梦内在联系。2005 年，习近平总书记在首次提出"红船精神"的同时，在定位上将"红船精神"提升至"中国革命精神之源"的高度。为人民谋幸福，为中华民族谋复兴的中国梦是中华民族近代以来孜孜不倦的追求。自我们党成立之日起，蕴含着强大力量的"红船精神"就为实现中国梦注入了无穷精神动力。同时，随着中国特色社会主义进入新时代，"红船精神"以其奉献精神逐渐成为促进世界和平和发展的精神财富。因此挖掘"红船精神"与中国梦的共生逻辑轨迹，将为实现中国梦提供成功之匙。由此可见，将两者由来已久的内在相通性加以充分融合意义重大。在结合中国梦对当代大学生群体开展"红船精神"相关知识理念的教学及解疑答惑中，引导和促进当代大学生群体能够在中国共产党各级组织的指导、支持条件下，不忘初心、牢记使命，树立为人民服务的人本思维和天下大同的全球思维，自觉主动地参与介入建设现代化强国的实践过程，为我国实现中华民族伟大复兴的中国梦和人类命运共同体持续作出努力。

最后，"红船精神"与时代价值相融合。新时代的思想政治课面临着前所未有的新课题和新挑战。"红船精神"是具有时代特点的产物，在新的时代要为大学生所接受，就必须对其具体化和时代化，使之融入到日常生活和学习实际中，发挥其时代价值。思政教师应按照习总书记的"六个要"的要求，主动探析新时代"红船精神"的时代价值，主动与当下事件和人物结合，实现"红船精神"与新时代新任务的有机接轨。要向大学生讲好中国好故事，尤其在当下要讲清抗击新冠肺炎的故事、抗洪救灾的故事，讲好新时代楷模张富清、排雷英雄杜富国等优秀共产党员的感人事迹，引领大学生阅读习近平总书记系好"人生第一粒扣子"的《习近平的七年知青岁月》等，从中感悟奉献、立党为公的精神实质。让阅读、故事助力提升当下大学生"三观"，实现思政教育的再创新和再提高。在当今世界发生前所未有之大变局的形势下，在西方世界对我国"颜色革命"强化的新时期，用"红船精神"增强当下高校思想政治课程的思想性、针对性，给予大学生政治上的培育，为当下大学生解惑释疑的同时促使其树立复杂环境下分清主流、支流，正确面对大是大非的批判性思维。

二、延长教育时效，促"实践选题"转"行为习惯"

"红船精神"融入思政课，不应是简单的课堂融入，更是一种课外实践活动的融入。目前，思政课中"红船精神"与当代大学生的日常生活联系并不紧密。所以，"红船精神"融入思政课，应从课上延伸到课外，延长教育时效，在实践中学习"红船精神"，培育当代大学生正确的行为习惯。

在针对当代大学生学生群体开展的思想政治课程教学实践过程中，引入融合"红船精神"的基本内涵，应当在做好基本理论知识教学讲解基础上，设计和呈现具备恰当性和合理性的实践性教学活动。思想政治教育课程任课教师，要在具体开展的实践性课程教学环节选题设计工作过程中，充分贯彻"红船精神"的基本内涵，并且关注和回应我国大学生学生群体在自身学习成长发展过程中面对的实际情况，以及实际提出的基本需求。思想政治教育课程任课教师要致力于在"红船精神"的教学讲解过程中，立足实际遭遇的多元化主客观情况，最大限度地开展实践性教学环节的设计工作，支持大学生学生群体通过对实践性教学环节的积极参与，树立和秉持在日常化学习生活实践过程中，贯彻践行"红船精神"基本理念的主观意识，获取和实现自身最优化的成长发展。

首先，强化思政课顶层设计。"红船精神"融入思政课，应更多地将理论学习转移到实践学习中，为此应做好思政课的顶层设计，由基层党组织、高校、科研研究所等共同合作，切实制订合理有效的实施方案，做好思政课的设计规划工作，从而实现对"红船精神"的显性和隐性教育。正如思政课相关的实践课题设计，将"红船精神"通过实践活动的形式学习，更能提高学习效果，也有利于培育大学生的行为习惯。要借助于适当形式的业务培训引导手段，支持我国思想政治教育课程任课教师在日常参与、开展的教学活动过程中，注重做好理论知识教学环节与实践教学环节之间的相互结合，注重将"红船精神"在具体设计实施的实践性教学活动过程中加以贯彻，引导我国大学生群体能够持续实现针对"红船精神"基本内涵的深入理解，并深入分析日常"红船精神"情感认同的条件，增进领悟"红船精神"的价值和独特魅力，进而做到让精神真正融入大学生的日常生活中，以实现理论上的培育教化到言行中的自主践行，从高深的官方思想到大学生自觉的固定习惯。

其次，积极开展思政课调研。通过实践调研，帮助大学生更为直观地理解"红船精神"，这也是理论与实践结合的基础体现。以浙江金融学院为例，该校马克思主义学院与嘉兴南湖革命纪念馆签订社会实践基地共建协议，为广大大学生思政课的实践学习提供平台，让当代大学生身临其境，更好地把握自己，在社会调研和实践中不断完善自律自省的意识，不断加强道德修养，进而实现自我提高；在实践的经验感知和情感认同中，自觉地感悟"红船精神"对实现当下美好生活的意义和价值，将其逐渐转化为大学生日用而不觉的行为准则。

最后，撰写思政课评价报告。任何理论课的学习，都不单单是学习，更是学习之后的总结评价与应用。在"红船精神"融入思政课的过程中，要求大学生在学习后撰写思政课实践活动评价报告，总结"红船精神"表现与应用实践内容，鼓励大学生用鲜活的案例深入书写"红船精神"，从而提高"红船精神"的感染力，使得"红船精神"的本质和内涵转化为大学生的内在价值要求和行为习惯，在日常生活中以主客体熟悉的和众人所喜闻乐见的方式呈现出来，并在"红船精神"研究和传播的过程中充分关注和时代紧密结合的现实问题，以此来作为推动"红船精神"的内化于心，外化于行的切入点。例如在此次抗击新冠肺炎疫情的战役中，"90后"青年不畏困难、勇往直前、挺身而出的"逆行者"精神充分见证了新时代弘扬"红船精神"的生动实践。精神实质贵在践行，主动积极践行"红船精神"，久而久之就会形成一种行为习惯，完成从他律到自律的转化，并潜移默化到生活各个角落。

三、拓展课程资源，促"红色文化"转"信仰力量"

很多学生对"红船精神"的重要性理解不透彻，仅仅依赖于思政课堂的学习很难充分理解其本质和哲理。为了更好地理解"红船精神"的内涵，促进"红色文化"的传播，培育当代大学生对马克思主义和中国特色社会主义的"信仰力量"，在实际的思政课中，应尝试拓展与"红船精神"相关的课程资源。

首先，挖掘社会"红船精神"资源。"红船精神"是中华民族精神的升华，也是中国共产党执政精神财富的体现，它要求党员干部时刻为群众着想，立党为公、执政为民，全心全意为人民服务。在现如今的大环境当中，我们身边不乏尽责奉献的案例，值得作为有益的学习资源，应将其和"红船精神"、思政课连接起来。大学生应以"红色文化"为指引，树立榜样，艰苦朴素，真抓实干，努力成为当前社会发展的贡献者。思想政治课程任课教师，应当以围绕"红船精神"开展的教学活动为基本切入点，引导和促进当代大学生群体能够主动参观游览数量众多的红色文化教育基地，提升学生在"拔节孕穗期"对红色思想文化的学习掌握水平，从"红船精神"所秉持的崇高理想中催生积极向上、动人心弦的正能量，增强大学生的政治认同、文化认同、精神认同、社会认同，培养"四个自信"，深化大学生思想政治教育的信仰内核和自觉行为约束。

其次，提取校园"红船精神"资源。校园是大学生开展生活与学习的最主要空间之一，以多元化校园文化的设计，将"红船精神"融入校园生活当中，从而形成多元化的校园"红船精神"资源。这种资源拓展到思政课中，让大学生人能够在潜移默化的学习中感知"红船精神"的内涵与价值。通过开展"红船精神"读书会、演讲比赛、校园话剧表演、大学生志愿者活动、快闪活动等，促进大学生树立强有力的创新、奋斗、自我价值实现、坚定理想信念等对马克思主义和习近平新时代中国特色社会主义思想的"信仰力量"，在主动传承红色基因的过程中，使红色文化成为社会主义核心价值观大众化的最有效、最生动的重要载体。

最后，提取创新创业资源。"红船精神"内涵中蕴含中国共产党人开拓创新的创业精神，大学生人作为中国经济、政治社会发展的中流砥柱，必须要提高其自身创造力，树立积极的开拓精神，进一步弘扬"红船精神"。在创新创业当中，习近平总书记指出："拥有一大批创新型大学生人才，是国家创新活力之所在，也是科技发展希望之所在。"通过整合"九二派"企业集团、华为、独角兽公司等创新创业的正面积极案例，为大学生开展创新创业讲座、宣讲等，帮助大学生提高创新创业动力，在大学生中培育创新能力，大兴创新精神，引导大学生以创新的意识、精神、眼光、勇气、智慧攻坚克难，以创新创业精神铸就新时代新业绩，积极投入新时代社会主义现代化强国的伟大实践进程中。

四、建设多元平台，促"直接习得"转"深层内化"

习近平总书记明确提出思政课教师要有"思维要新"的状态，让思政课"活起来"，建设多元化的学习平台，让学生自主地理解思政课中的具体知识点内涵与实践案例，将传统思政课学习中的"直接习得"状态转变为大学生自主"深层内化"的状态。

首先，善于运用微型学习平台。"红船精神"借助现代化工具载体，将思政课内原本枯燥的内容生动地展现出来，对思政课的效果提升大有裨益。当代大学生是先进技术的优先学习者与实践者，对高新技术所带来的优质信息能够迅速习得并掌握，所以，可以通过高新技术手段将彰显"红船精神"的红色资源进行科学的整合，进一步提高思政课的趣味性。比如 2018 年 7 月 1 日央视新闻客户端发布的原创时政微视频《红船精神》，讲述了"红船精神"的发展历史沿革，再次强调要结合时代大力弘扬"红船精神"。再比如浙江广播电视集团推出的《红船缘》微视频，提高"红船精神"的学习感染力，以直观震撼的影像资料达到深层入脑入心的效果。同时应积极推动大学生参与全国大学生微视频比赛，实现从上到下，从学校到社会"红船精神"传播的协同发展，深层次增强大学生对"红船精神"的情感认同，在新时期纳入新时代新元素，通过多元化、高格调高品质的课程平台满足大学生个性化多变化求新求变的新需求，培养坚定马克思主义和中国特色社会主义思想信仰的接班人。

其次，完善网教平台建设。思政课实施过程中应加强网教平台建设，充分运用平台的时间与空间优势，扩大思政课的学习内容，将体现出"红船精神"的各类人物、事件等放在平台之中，便于大学生自行选择学习。面对知识建构，当代大学生基于网教平台客观把控"红船精神"的相关知识，学会整合、探索与理解，然后再综合分析该知识结构的科学性，最后再将它内化成储备知识。同时建立网教平台的习后评价体系，建立大学生讨论发言板块，既给予大学生充分的言论权利，又更好地掌握大学生的思想动态，同时在与各种"网络大 V"的思想交锋中明确是非观、曲直观，实现思想的进一步升华。

第七章 河北红色基因工程
在高校的传承与应用

高校承担着育人铸魂的重要使命，理论界近两年逐渐开始挖掘红色文化资源的作用，并借鉴红色文化中的合理成分以改善高校意识形态中存在的问题。但是就目前而言，研究河北红色基因工程传承的文章数量还是不多，并且此类文章更重视红色文化的显性德育功能，忽视红色文化在高校推进过程中存在的问题。此外，关注河北本土文化资源进行系统研究的专著较为鲜见。本书运用新的系统方法论，把红色基因作为一项重要的战略性工程，从物理、事理、人理三个层面探索其传承综合机制，以期对河北红色基因的传承和创新起到微薄之力。

第一节 运用 WSR 系统方法论推进
河北红色基因传承机制建设

WSR 方法论是"物理 - 事理 - 人理"方法论的简称，是中国著名系统科学专家顾基发教授和朱志昌博士于 1994 年在英国 HULL 大学提出的。它既是一种方法论，又是一种解决复杂问题的工具。在观察和分析问题时，尤其是观察分析带复杂特性的系统时，WSR 体现出其独特性，并具有中国传统的哲学思辨，是多种方法的综合统一。根据具体情况，在应对复杂问题时，该方法强调从物理、事理、人理三方面综合考虑，使复杂问题逐步可操作化，因其独特的中国传统的哲学思辨性，自提出以来在社会系统研究中被广泛应用。

习近平总书记曾在不同场合多次提到红色基因传承问题，特别强调"把红色基因传承好"。总书记借助学界"基因"概念论说红色文化，指明了红色文化演变过程中稳定性和创新发展的统一的重要性。因此，如何进一步研究红色基因的稳定和创新发展的传承机制，是当下要解决的现实问题。本章立足河北地方特色，运用 WSR 方法论把红色基因传承中的事、物、人看作一个动态的有机整体，深刻把握"是什么""如何去做""最好如何做"问题，着力推进红色基因传承过程中的一系列综合机制链研究，以此为基础有效实现红色基因的传承与创新，让红色基因代代传，让中国特色社会主义事业血脉永续。

红色基因代表着党的初心使命的精神价值。中国共产党在领导人民革命、建设和改革的实践中，始终秉承着对红色基因的精神追求。在建党一百周年的时间节点，深入探究和思考红色基因传承问题对于全面建设社会主义现代化国家，进而实现中华民族伟大复兴具有非常重要的意义。把红色基因作为一项系统工程进行传承研究，是一个论域非常宽泛和新颖的课题，高校在红色基因传承中肩负着重要使命，责无旁贷。但就目前来看，高校在红色基因传承的定位比较模糊。大多数高校在传承过程中，只是将红色文化作为思想政治教育内容的一部分，实际效果并不好。同时，虽然国家和高校红色基因传承正在推行中，正在探索传承机制，但并没有形成有效的传承模式。本章基于地域特色视角，以"物理－事理－人理"的 WSR 系统方法论展开红色基因工程传承的育人、培养、融合、保障等机制研究，并给出具体的传承方法和实现手段，为新时代河北红色基因传承在具体、鲜活而生动的特色高校中得到更好的落实，并实现红色基因的创新提供参考。

运用 WSR 即"物理－事理－人理"的系统方法，形成基于特色方法下的一系列和培养红色文化密切相关的具体机制、措施制度组合的长效机制集合体，科学促进各机制顺利运行，以推进河北红色基因工程在高校中的传承和创新。其中"物理"反映的是"是什么",即河北红色基因价值功能和内涵所在;"事理"反映的则为"如何去做"的问题,表现为河北红色基因传承中的培养机制方案等;"人理"解决的是"最好如何做"的问题,强调"人"的因素,探究参与到红色基因传承中的主体的认同机制、保障机制等问题,从而更好地协调"物理"和"事理"。三者相互影响、相互统一。通过落实好各项具体机制,探索出一条多层次全方位推进高校红色基因工程实施的机制体制链。

一、河北红色基因工程传承的"物理"机制——强化红色文化的育人机制

红色基因的传承,首先要从红色基因到底"是什么"的问题谈起,红色基因及其传承本质应以生物基因为基础,然后才能剖析红色基因传承问题。因此,下面主要阐述基于地域特色的河北红色文化在高校思想政治教育中的价值功能及丰富内涵。

(一)河北红色文化在高校思想政治教育中的价值功能

高校红色基因传承工程是一项重要的战略工程。作为担负中华民族伟大复兴的重要力量,高校应响应召唤,深入挖掘本土特色红色基因,以鲜明的本土品牌特色夯实高校意识形态阵地建设,不断优化红色文化基因,进一步发挥其蕴含的精神能量,为中华民族的伟大复兴凝魂聚力。

(二)河北地域特色红色文化的丰富内涵

河北历史底蕴丰富,拥有丰富的红色文化财富,其中西柏坡纪念馆、冉庄地道战遗址、华北军区烈士陵园等作为全国爱国主义教育示范基地,具有生动鲜活的教育特点。当下应积极展开对河北红色基因内涵的进一步梳理,通过一系列物质形态,河北红色文化展现出了中国共产党独特的精神内涵和时代特质,高校应加强从红色文化中提炼精神实质并具体化以为实用。

二、河北红色基因工程传承的"事理"机制——优化传承发展机制

红色基因传承中的"事理"主要是指采用什么样的具体策略和实施方案，更好地配置各种资源，实现红色基因传承的效率。主要涉及的问题是河北红色基因传承的培养机制、党建机制、融合机制及合作机制。

（一）对接"青马工程"+红色基因工程的发展培养机制

如何将红色基因渗透到高校"青马工程"，实现两大育人工程的强力对接，依托河北红色文化的思想政治功能，探索传承红色基因的新"一三六"（一个指导思想；校、院、班三级联动；理论平台、自主学习、校园文化、网络育人、实践调研、服务关爱六方面）培养模式，打造一支传承红色文化精髓、有着坚定信仰的青年马克思主义队伍，并在提高"青马工程"质效的同时促进红色基因传承是个非常重要的问题。红色基因工程与"青马工程"均为关乎社会发展的铸魂育人的重要工程，通过两大工程的相互渗透，可以创新红色基因工程培养新模式，深入推进红色基因工程代代传。

（二）创新推行"红领党建"机制

将红色基因融入高校党的建设，结合当下"党史"学习教育动员活动，结合西柏坡精神、"重走赶考路"等河北红色资源融入高校党组织建设，通过开展一系列主题党日活动和红色品牌创建活动，让广大党员真学真信真懂红色文化，进而发挥红色文化对党员的培根铸魂作用，优化党员队伍的作风建设，强化高校党员的纪律意识，不断提升高校党组织的凝聚力、战斗力，营造高校昂扬向上、庄重严肃的组织文化氛围。

（三）推进具有学科特色的融合机制

红色基因传承工程作为一项持续性文化工程，需要建立创新导向的融合机制。针对传承过程中的情景因素的差异创造出各种合适的传承模式，对红色基因进行保存、传承、创新。对红色基因中所蕴含的精神加以整理和提炼，和各个学校特色或学院的特色相融合，充分发挥学科专业特色，并注重德育

与智育的融合。如医学院校注重中医药文化与红色文化的融合发展，经济类院校可以把传承红色基因和当地经济发展、扶贫工作等相联系，艺术学院把红色文化用于影视剧的转化应用等来实现红色基因的创新发展，实现思想和业务工作的融合发展。

（四）打造红色基因传承工程实践基地和创新合作机制

河北富集的文化资源具备把红色文化打造成全国引领标杆的底气，可借鉴井冈山大学、贵州师范大学实践教育基地的成功经验，建立红色基因工程传承基地，以学校为依托，设计河北红色文化精品路线，串起河北各大红色地标，打造红色文化新高地。探索成立相关红色文化研究院等方式，推动建成河北红色文化战略联盟。借助 5G 技术、人工智能和大数据的发展，打造"数据＋红色文化"的创新表达方式，建立跨区域省级层面合作平台，通过跨学校、跨学科、跨领域融合，从多元整合的角度促进河北红色文化的 IP 品牌建设。

三、河北红色基因工程传承的"人理"机制——完善传播、组织、保障机制

"人理"方面的关键是明确高校参与主体在红色基因传承中的角色和定位，对传承过程中的利益相关者进行协调，实现部门各司其职又同向同行，从而提高红色文化参与主体的主动性和互动性，形成合力，提高红色基因传承的实效。

（一）构建高校师生主体参与的传播认同机制

针对河北红色文化在高校传播中呈现碎片化、生硬化的问题，基于河北红色基因的特点建构"定位－传播－认同"的逻辑关系，增强新时代河北红色文化形象的精准定位，针对高校师生，以需要－动机理论、组织认同理论等作为理论依据，分析高校师生的需求，激发参与红色基因传承活动的动机；通过加强高水平红色教师资源培养，进一步创新相关课程体系，搭建主体参与的社会实践平台以及实现主体参与的开放机制等方面将红色文化形象传播

从文化意义层面进行符号编码，最后将其精神内核与高校思想政治功能以及现代生活联系起来，创推河北红色基因在高校的文化认同与传播。

（二）强化红色基因工程传承的组织领导机制

红色基因传承中高校必须强化党委统领作用。在高校实施红色基因工程推进过程中，组织文化领导者因其强大的感召性权力使得追随者遵从指导的程度更高。学校党委在学校红色基因工程治理上的重要作用是把方向、作决策、保落实。只有强化党委统领党委担当，落实主责，才得以使工程顺利推进。所有工作在党委的领导下统一安排和部署，协调各个部门负责具体工作，协同推进红色基因工程才能取得更好的效果，形成合力，提高传承的实效，保障红色基因传承的长效性。

（三）加强监督与经费保障机制

高校相关部门在传承红色文化基因中的主要分工及职责也非常重要，尤其是加强各级学院监督管理和研究经费投入对红色基因传承工程的保障作用。为了保证更好的传承质量，各学院可制定相关规定，将河北红色基因传承工程实施情况作为对党建和思想政治工作年终考核评价的重要内容，增强常态化传承绩效考核，促进红色基因工程各项工作真正落到实处。同时从经费方面建立相应经费保障机制，相关处室及学院设立专项资金，强化资金支持，进一步保障传承工作的稳步运行。

红色基因工程是一项关乎国家长治久安的战略性工程。但目前河北区域内红色基因传承机制并不完善，传承实践问题较多，因此需要不断对河北红色文化传承本质、传承效率及传承效果建立系统性认知。以全新的创新思维，拓展 WSR 方法对社会科学的应用范围，运用系统方法论"物理－事理－人理"对红色基因传承进行科学分析，以此构建传承机制，优化各机制运行管理，从而明确红色基因传承的路径，指导红色基因在高校的传承实践活动，为河北高校红色基因传承提供有价值的指导（如图 7-1、图 7-2 所示）。

总的来说，运用 WSR 系统方法，可以对红色基因传承活动中的"物理－事理－人理"机制问题进行解析，以此获取对河北红色基因工程传承的系统认知。这一方法更加注重河北本土红色基因的传承实践，研究的问题更具针对性、更具地方特色，更加深刻；在充分体现文化共性的基础上，充分展现出区域文化的个性魅力；有利于在设计红色基因传承策略时，做到"通物理、明事理、知人理"，从全新角度全方位推进红色基因传承工作机制。

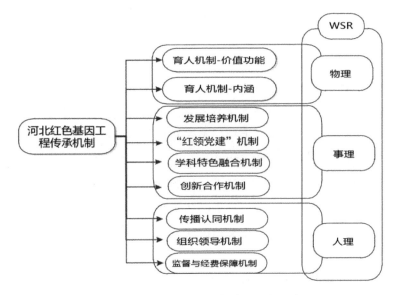

图 7-1　河北红色基因工程传承机制思路图

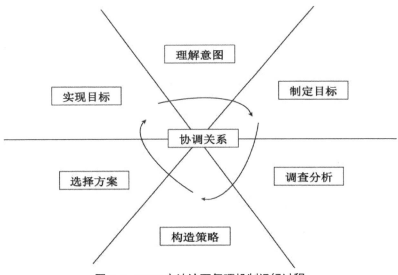

图 7-2　WSR 方法论下每项机制运行过程

第二节 河北红色文化在高校思想政治教育中的价值及实现途径

　　红色文化是中国人民在艰苦的斗争岁月和努力建设中国特色社会主义过程中逐渐形成的革命精神和崇高风范，它是中国特色社会主义文化的重要组成部分，其中河北红色文化以丰富的内涵和教育的生动鲜活性散发着其独特魅力。将河北红色文化与高校思想政治相结合，不仅可以发挥红色文化育人功能，更能进一步完善思政课程体系，增强高校思想政治教育的效果。基于河北红色文化在高校思想政治教育中的传承与应用还存在一些问题，本文也从河北高校实际出发，提出了相关的解决方法和实现途径，期望能真正运用好河北红色文化这座宝库。

　　2015 年 1 月中共中央办公厅、国务院办公厅印发的《关于进一步加强和改进新形势下高校宣传思想工作的意见》中指出，"高校意识形态阵地建设，是一项战略工程、固本工程、铸魂工程"。树立高校大学生正确的意识形态，红色文化的培育至关重要。生动而鲜活的红色文化可以浸润到高校的爱国主义教育中，鼓舞大学生担当起民族复兴的神圣使命。因此，探讨河北红色文化在高校思想政治教育中的作用和实现途径对于大学生思想意识的正确树立、激励大学生为实现中国梦而努力奋斗都具有积极的意义。

一、红色文化的内涵

　　红色文化指的是中国共产党成立以来，领导中国人民进行的抗日战争、解放战争及社会主义建设过程中涌现出的理想、信念、精神及其物质载体。红色文化是中国人民在艰苦的斗争岁月和努力建设中国特色社会主义过程中逐渐形成的革命精神和崇高风范，它是中国特色社会主义文化的重要组成部分。红色文化的内涵非常丰富，概括起来可包括两个层面的内容：一是革命精神和当代优秀精神的延伸，包括战争年代传承下来的井冈山精神、长征精神、延安精神、西柏坡精神等，以及当代涌现出的雷锋精神、奥运精神、航天精神等等；二是红色精神的物质载体，包括革命战争遗址、历史纪念馆、烈士陵园以及红色影视作品、红色歌谣等文学作品。河北历史底蕴丰富，拥有丰富的红色文化财富，其中西柏坡纪念馆、冉庄地道战遗址、华北军区烈士陵园等作为全国爱国主义教育示范基地，具有生动鲜活的教育特点，是河北高校开展思想政治教育的重要思想来源和物质载体。

二、红色文化的价值

红色文化在高校思想政治教育中的主要价值所在就是引导大学生树立正确的理想信念、摆脱迷茫的精神信仰，因而这种精神教育是一种内在精神的自觉唤醒。具体对于河北红色文化对大学生思想政治教育的价值主要表现在三个方面。

（一）引领大学生坚定政治立场

红色文化精神蕴含革命理想主义内涵，可以引导大学生树立科学的理想信念。进入互联网时代后，我们接收到越来越多的信息和文化，然而一些低俗文化也乘虚而入。革命战争年代，中国共产党之所以能领导军队和人民克服一切艰难险阻取得胜利，正是依靠着坚定的理想信仰。红色文化经过艰苦的革命年代磨砺，在新时期又逐渐涌现出艰苦奋斗、爱岗敬业、自强不息的时代精神。红色文化在传承与发展过程中凝结了共产党人优秀的精神品质，这也正是我们社会主义大学思想政治教育的精神方向。在大学生思想政治教育中，对在校大学生进行红色文化教育，引导大学生坚定"四个自信"——道路自信、理论自信、制度自信、文化自信，树牢"四个意识"——政治意识、大局意识、核心意识、看齐意识。通过对河北红色革命遗址的参观，进一步让学生深入感受共产党坚定的理想信念和顽强的斗争精神，让大学生自觉坚定政治立场和信念。

（二）引导大学生树立正确的人生观和价值观

红色文化蕴含的英雄主义事迹和高尚的人格典范，鲜活地诠释了人生价值所在，可以教导大学生思考人生的意义和价值。例如在革命年代，中国共产党人依靠艰苦奋斗和为人民服务的崇高理想，克服种种艰难险阻，完成长征——人类历史上的伟大奇迹，最终在中国建立起社会主义制度。当前高校大学生抗挫折能力普遍不高，学业、爱情遇到些许打击，就抑郁寡欢、颓废消极，甚至产生悲观厌世的想法，这样的人生态度将严重影响青年学生未来的成长成才。长征过程中生动的人物、事迹不仅能够引导大学生体会"苦中作乐"的精神，也能够使大学生感知大局精神。

河北红色文化中的突出代表——西柏坡精神，它的基本内涵就包括："两个敢于"，即敢于斗争、敢于胜利的开拓进取精神；"两个善于"，即善于破坏一个旧世界、善于建设一个新世界的创新精神；"两个务必"，即务必保持谦虚谨慎、不骄不躁的作风，务必保持艰苦奋斗的作风的艰苦创业精神。西柏坡精神不仅在革命年代发挥着重要作用，而且在大众创业、万众创新的新常态下也加焕发出勃勃生机。大学生应当学习西柏坡精神，敢想敢干、开拓创新。将红色文化的育人功能与思想政治教育相融合，不仅能够提升青年学生的思想政治素质，更有助于他们形成正确的世界观、人生观和价值观。

（三）完善高校思想政治课课程体系

根据当代发展需求，构建完善的思政课程体系。以当代大学生为基础，从多角度进行完善，促使红色文化与思政课进行融合，提升教育质量。目前高校思想政治理论课主要包括"马克思主义基本原理""中国近现代史纲要""毛泽东思想和中国特色社会主义理论体系概论"等课程。这些课程作为高校进行思想政治教育的主要途径，在实际操作中存在理论授课方式僵化、教学实践方式单一等问题。首先，应将红色文化融入思想政治课程中。例如将传统的经典教材与现代的国家公祭日活动、航天精神、抗震救灾精神结合起来，可以增添思政课程的时代感和社会责任感，激发大学生爱国情感。其次，在进行思政课程教育过程中，积极以河北红色文化为基础设置选修课以及活动课程，引导学生了解当地的红色文化，提升红色文化的鲜明属性，帮助学生树立正确的价值观，实现全面发展。在进行教育体系建设过程中，凸显学校与地域特色，通过红色文化的历史画面提升学生的意识，实现其精神思想的提高，以达到思想教育的最终目的。再次，红色影视歌曲等红色文化内涵丰富、生动直观，在理论讲授中适时穿插红色素材，可以减少思政理论课空洞的说教，增加课程吸引力，也更容易被大学生所接受。最后，红色文化中生动的人物事迹和革命遗迹具有独特的红色魅力，组织大学生参观革命遗址、走访仍然健在的老兵等实践活动，可以让大学生亲身体验感受战争年代的残酷和老兵身上的革命精神，这不仅可以延伸和补充思政课程内容，也开拓了高校思想政治教育的方式方法。

因此，在高校思想政治教育中开展红色文化教育，有助于激发大学生爱国爱家情感，引导他们树立远大的理想，最终形成正确的世界观、人生观和价值观。然而，河北红色文化在高校思想政治教育中的传承与应用还存在一些问题，这将严重影响红色文化的功能的发挥，我们必须找准问题、精准解决，才能真正运用好河北红色文化这座宝库。

三、河北红色文化在高校应用中的制约因素

（一）重就业轻素质的教育模式弊端

河北红色文化的传承与应用在高校思想政治教育中主要涉及教育者和被教育者两方。一方面，大学生作为主要的被教育者，由于就业压力大，将更多的精力都放在考研、考证、兼职上，认为衡量人生成功与否的主要标准多与薪资有关，很难静下心来思考理想和信念。加之当前处于价值多元化的时代，互联网在为大学生打开了广阔视野的同时，低俗、拜金文化也一同涌入，对大学生产生了不同程度的影响，而红色精神传扬的艰苦奋斗、谦虚谨慎则被束之高阁、少人问津。另一方面，高校教师作为主要的教育者，为提高专业就业率，将更多的教学时间偏向专业课和专业实践，投入更多精力提升学

生的专业技能，在思想政治教育上投入时间有限。除此以外，教授思政课程的教师，出于安全、方便的考虑，更倾向于理论教学，将红色文化融入思政课程的意识淡薄，很难运用河北红色文化中的英雄人物案例或红色影视剧等形式开展课堂教学；受资金成本制约，也较少组织学生去西柏坡纪念馆、华北军区烈士陵园等地开展爱国情感教育。因此现行的教育模式直接导致思想政治教育趋于边缘化，河北红色文化在高校教师和学生中较少得到认可。

（二）红色文化教育方式单一

目前，河北红色文化资源在高校思想政治教育中的开发利用不足，还主要是通过参观革命遗址和课上革命史的讲解来开展，方式单一、内容老套，很难引起学生情感上的共鸣，教育效果不佳。比如，为了完成思政课程教学实践，带领学生参观西柏坡纪念馆，虽然具有一定的红色教育意义，但是学生仅仅参观一次革命遗址、遗物，只是对事物本身产生一定的感知，印象并不深刻、也没什么吸引力，因此对于西柏坡真正的精神内涵很难理解到位。如果可以进行方式方法的创新，比如教师带领学生深入平山县山村走访老战士、老支书，从他们嘴里听到的历史就更为鲜活，顺便帮助农民老乡干干农活，让大多数生活在城市的大学生真正感受到生活的艰苦，这才是真正的"深入群众"，教育效果可能就更为理想。

（三）缺乏红色校园文化氛围

红色校园文化建设作为社会主义大学校园文化的重要组成部分，是一个系统工程。然而一些高校还缺乏红色校园文化对思想政治教育重要性的认识，对红色文化的宣传平台建设不到位。在红色校园文化管理上也缺乏系统性、整体性。一方面，高校思想政治教育需要思政授课教师、学校团委、辅导员、校史馆共同配合，然而实际教育教学过程中都各自为政、互不联系，尤其是缺乏对校情、校史的深入挖掘。比如石家庄地区的大学，可以结合西柏坡精神和革命史料设计类似于"西柏坡革命史"这样的校本课程，从而深化对河北红色文化资源的研究。另一方面，校园红色网站作为互联网时代红色文化宣传的主阵地，在高校思想政治教育中还没发挥出应有的作用。河北许多高校红色网站还未建立起来，已经建立的红色网站也存在建设水平不高、监管不到位的情况。

以上这些因素都不同程度减弱了红色文化对于高校思想政治教育价值功能的发挥，因此下一步就需要高校集中力量、多管齐下解决问题，真正将河北红色文化融入高校思想政治教育教学过程中。

四、河北红色文化在高校思想政治教育中的实现途径

（一）改革思想政治教育教学评价机制

建立健全红色文化融入思政课程教育教学评价机制保障。一方面，高校可以有意识地提高思想政治理论课的学分，对于积极参加红色社团、红色文化活动的学生予以奖励，并作为评优入党的重要参考标准，从而外在刺激学生主动学习接受红色文化。另一方面，高校应当加强思想政治教育授课教师、辅导员的培养，特别是定期进行河北红色文化相关知识的专项培训，促进他们在教育教学过程中有意识地运用红色文化资源。高校也可以结合思政学科具体特点，完善红色文化教育教学监督评价机制，可制定相关的激励政策，对于创新利用红色文化进行思想政治教育的教师给予一定奖励，激发教师深入研究河北红色文化的价值功能，在实际教学中适时融入红色文化资源。

（二）创新河北红色文化教育的内容和形式

多维度多视角展示河北红色文化魅力，吸引大学生主动参与思想政治教育。首先，要重视红色文化进课堂，在教学方式上可以适当加入PPT、红色视频，并组织学生开展课上小组讨论或者诸如"平山拥军传统"这样的主题调研，收集、整理并撰写有关的红色传记；在讲解三大战役、百团大战时，也可以讨论总结西柏坡在历史中的地位以及太行地区游击战的特点等；新时期的红色文化可以多从爱岗敬业、友爱互助等方面体现出平凡人身上的可贵品质，也可以结合"两弹一星"课程内容，融入现代我国航天事业发展成就，突出敢于超越、严肃认真的工作态度。其次，创新红色文化传播方式。针对

大学生对红色文化缺乏兴趣的问题，我们可以通过红色微博、红色微信、红色 QQ 等新的"95 后"大学生喜闻乐见的方式，推送一些优秀的红色歌曲、红色访谈纪实视频，用生动的历史资料展示战争中的人和事，将课本中那段光荣岁月通过一个个感人的故事渗透进大学生的思想中，真正取得"触动灵魂"的效果。最后，注重红色文化的体验，可以通过参观红色革命遗址，将课堂搬到纪念馆，提升教学内涵；也可以在红色纪念日通过话剧表演、演讲比赛等多种形式，吸引大学生参与红色文化。

（三）积极营造红色校园文化氛围

良好的校园文化氛围有助于提升大学生积极向上的学习和生活态度，红色文化是其中不可或缺的精神食粮，搭建河北红色文化资源与校园文化之间的纽带，可以更好实现思想政治教育的育人效果。第一，在校园建立红色人文景观。比如校园景观区放置红色人物塑像、教学区悬挂红色诗词、建立红色班级制度等，并通过校园广播、教学生活区电子屏幕、校园宣传栏等形式展示，让校园各处映衬红色文化。第二，开展丰富多彩的红色文化社团、党团活动。高校可以引导大学生成立一些红色学习研究性社团，比如石家庄学院的西柏坡精神宣讲团、河北师范大学的西柏坡·新生代社团等主要是通过高校团委组织领导、学生自主活动、专门老师指导，开展相关的学习实践活动；高校可以在红色纪念日开展相应的党日、团日活动，有利于学生更深入意识到自己作为党员、共青团员的社会责任感。第三，将红色文化注入校园学术研究中。高校可以邀请国内红色研究领域的专家学者作相关的学术讲座，比如石家庄学院邀请长治日报社高级编辑狄赫丹主讲"长征路上的记录与感动"等，这些学者的亲身经历和思维涵养都可以提升学生对红色文化的吸引力；学校还可以组织红色文化课题研究，比如石家庄学院的西柏坡专项课题研究项目，师生共同参与到河北红色文化的研究中，也有利于提高大学生思想政治教育的参与热情。第四，建立健全校园红色网站，可以在高校校园网上建立"红色摇篮"等类似的红色专题网站，开设红色文化主题专栏，比如"红色伟人""红色故土""红色影视"等，红色网站设计的内容要贴近大学生生活实际，可以将河北的红色风光、民生人情放到网上，将全国尤其是河北的热点、焦点问题放在网上进行互动讨论，但需要同时配备具有较高思想理论水平和政治敏感度的管理人员，对于敏感、偏差的言论要及时加以引导，才能真正营造健康、正能量的校园网络文化。

河北红色文化作为社会主义核心价值观的组成部分，对于高校思想政治教育具有重要的理论和实践价值，今后我们还需要进一步探索将红色文化融入大学生思想政治教育中的方式方法，才能更好地发挥河北红色文化的魅力和作用。

第三节　河北红色文化在大学生核心价值观培育中的创新应用

河北红色文化植根于历史悠久的燕赵大地，以燕赵风骨为文化底蕴，形成于革命战争时期，具有文化政治的先进性和健康向上的精神内涵，与当下社会主义核心价值体系相契合，是新时期进行大学生核心价值观的良好素材和有效载体，发掘河北红色文化所蕴含的精神及其对大学生核心价值观的应用对开拓当下思想教育的新视野，创新当代大学生思政教育方式颇有启发。

在中华民族奋发图强、自强不息的历史进程中，红色文化应运产生。作为一种思想政治教育资源和载体，其蕴含的教育功能与当下高校的思想理论课建设体系中社会主义核心价值体所体现在国家、社会、个人层面的内涵高度一致，大学生核心价值观作为社会主义核心价值体系建设的重要组成部分，在整个大学生价值体系中处于主导地位。河北红色文化为培育大学生核心价值观提供了实践载体、赋予了地方特色，对于更好地传承中华民族的优秀革命精神具有重要的价值。因此，需有效应用于大学生社会主义核心价值观体系之中，作为一种推进大学生社会主义核心价值观教育的方式加以创新和推广。

一、河北红色文化的精神视阈下大学生核心价值观的意蕴

河北省地处华北平原，是抗日战争的前沿阵地，同时也是解放战争的主战场之一。在这片土地上留下了丰富的红色遗址和精神财富。据统计，全省有130多处红色文化资源，遍布全省136个县中的131个县区，资源相当丰富。正是通过这一系列物质形态河北红色文化体现出了中国共产党的精神内涵和文化追求，主要体现为敢于斗争、勇夺胜利的开拓精神，不畏困难、不怕牺牲的无畏精神，热爱祖国、忠于人民的责任意识，艰苦奋斗、戒骄戒躁的创业精神，注重调研、勇于创新的时代特质等。当代大学生的核心价值观深深扎根于红色文化的记忆中，作为社会主义核心价值观的重要组成部分，需要进一步从红色文化精神实质中提炼并具体化，进而发掘河北文化视角下大学生核心价值观的内涵加以应用。

（一）热爱祖国、热爱人民的责任担当精神

大学生核心价值观的培育需要增强大学生的责任担意识，而红色文化所呈现的是革命先辈们价值观，即实现最广大人民群众的利益，在争取国家独立、民族富强、人民解放的实践中，将国家、民族、个人的利益有机结合起来，把国家和人民的利益永远放在第一位。这种爱国主义情怀能最大限度激发大学生投身社会实践的热情。大学生只有树立热爱人民、热爱祖国的责任担当，才能把内在的精神动力和价值诉求持久不断地产生出来，将自己的青春投身于中华民族复兴梦的伟大实践中去。

（二）重建崇高信仰的榜样力量

信仰是人类对崇高价值的敬仰和追求，关乎一个政党的目标指向，关乎一个民族的兴衰存亡。然而在实现中华民族伟大复兴的进程中，大学生的信仰出现了多元化、功利化的倾向，信仰危机已然成为大学生群体普遍存在的问题，因此加强信仰教育势在必行。回顾曾经的红色记忆，处处都体现了彻底的爱国主义精神、马克思主义同中国实际相结合的思想原则以及崇高的共产主义理想信念，因为这种信念，中国共产党人敢冒生命危险，冲锋陷阵，

冲破层层险阻，积极投身实现远大理想的实践之中。英国教育家约翰·洛克说过："没有什么事情能像榜样这样温和而又深刻地打在人们的心里。"在河北这片红色土地上，无论是西柏坡时期起着舵手作用的领袖和伟人这些"大人物"，还是狼牙山五壮士这样一个个平凡却能让人民感动敬仰的"小人物"，都令我们深深感受到了榜样的力量，以及共产党人矢志不渝的初心和崇高信仰。据调查表明，绝大多数大学生偏爱先烈事迹和战争故事，这些承载着中华民族精神的人、事、物，都能够使大学生心灵受到冲击、情感受到感染，铭记与我们血脉相连的革命先烈。红色精神地熏陶，能使大学生重新树立对马克思主义和共产主义的崇高信仰。

（三）艰苦奋斗、不忘初心的美德

随着全面深化改革的深入，当今中国的物质生活越来越丰富，可随之而来的，是大学生开始出现贪图享受、背弃吃苦耐劳和艰苦节约的传统美德等现象。河北红色文化教育，可以展现出老一辈革命家在物质相当匮乏的年代不畏艰辛、锐意进取、以苦为乐、为实现理想而不断艰苦奋斗的意志。这对当代在顺境中成长的大学生而言，有利于帮助他们在面对逆境和挫折时继承老一辈无产阶级革命家的本色，积极消除懒惰思想，激发锐意进取、勇于创新的创业观念，脚踏实地努力实现自己的奋斗目标。

（四）勤于求知、勇于创新的品质

善于求知、与时俱进是党永葆先进性的重要法宝，从"进京赶考"命题的提出到执政党自身建设等一系列重大课题的思考和实践，都体现了中国共产党求知、解放思想和与时俱进的时代品质。大学生作为社会未来的栋梁，应同样具备较强的学习能力、实践能力和创新精神，养成独立学习思考的能力，在服务社会的实践中不断学习、增长见识，并学会用创新的思维解决问题、勇于反思、重于思辨、敢于创新，在新时期各种文化交融所带来的挑战中理清思路、沉着应对，找到自身发展的空间和路子，勇挑时代赋予的历史使命。

河北红色文化中蕴含着勤劳勇敢、艰苦奋斗、热爱祖国、坚定信仰等价值观念，是培养社会主义核心价值观的重要载体。

二、加大红色文化传承体系建设，培育大学生核心价值观

（一）构建河北红色文化研究体系，整合红色资源

高校承担着拓展和建构大学生核心价值观的主要任务，针对河北红色文化资源，鼓励全省高校积极发挥高校人文社会的学科优势，鼓励学科交叉、资源的整合，进一步深化对河北红色文化的理论研究。以河北红色文化为依托，各高校建立各具特色的文化研究基地，打造教育者之间、教育者与教育对象之间的沟通平台。此外，高校应加强与政府的交流，充分发挥双方各自的优势，着力抓好关于河北红色文化方向重大课题的合作，构建政府和高校交流的有效模式和长效机制，促使高校、科研院所的科研成果的有机结合，并由地方的宣传部门等加大河北红色教育文化的推广、引导及工作评价，打造全省红色文化教育的氛围，为大学生核心价值观的培育构建多渠道平台。通过对现有河北红色文化资源积极进行文化资源开发，整合现有资源，充分发挥出资源的优势对大学生进行红色精神渗透，为高校弘扬红色文化、传承红色基因营造良好的环境。

（二）加强河北红色文化的实践教学

一种价值观要发挥作用，必须与社会生活紧密接触，使人们在实践中感知和领悟。到目前为止，河北的红色文化遗址有 100 多处，如西柏坡纪念馆、华北军区烈士陵园、潘家峪惨案纪念馆、一二九师司令部旧址、冉庄地道战遗址等等。这里的每一处革命遗址、每一个英雄人物以及每一件珍贵文物都折射出革命先辈的崇高信念，诠释着中华儿女的家国情怀。通过大学生到红色文化遗址的实地考察、走访，并采用拍摄图片和 DV、制作慕课发布于网络课堂等方式进行学习，有利于社会主义核心价值观由抽象向态度、情感、行为的转化，更加坚定大学生共产主义信仰，使其明确自己的人生使命和目标，在灵魂深处受到思想陶冶、实现情感认同。各高校需要与红色文化教育基地保持长久稳定的合作，以保证大学生核心价值观有持续的实践机会。教师在进行教育过程中，依据实际情况进行全面实践，在实践过程中促使学生的思

**图 7-3　刘世钺先生在"党史百年 红医冀忆"
宣讲报告会上发言**

想意识，在教育实践中渗透红色文化，强化大学生的社会实践，在实践过程中促使学生感受老一辈革命家的朴素艰苦作风，深切感受红色文化蕴含的精神。例如：构建"红医情、红医行、红医精神我践行"活动，组织大学生积极参与红色旅游，进行红色文化调查研究，通过自身的亲身感受，体会我国革命先辈在当时艰难险阻的环境下，抛头颅、洒热血的思想情怀，学习先辈的朴素精神，从而完善自身的思想，树立正确的价值观念，实现全面发展。

有条件的学校也可以邀请老红军及历史见证者、红色资源专家、学者现身和广大师生座谈或者进行专题讲座。在一些重要的纪念日举办红色竞赛、红色演讲、红色舞台剧等活动，使学生近距离接触本土红色文化，发挥特色地域文化的优势。通过此类红色文化的传承增强大学生对社会主义核心价值观教育的感知效应（如图 7-3、图 7-4 所示）。

**图 7-4　大学生活动——"红色
记忆主题交流会"**

（三）自媒体时代，利用大数据技术构建网络宣传平台

当今世界，信息技术正在重构着社会，移动数字化网络技术催生出更加复杂、庞大、多元的社交网群。处于大数据时代的人们，已经逐步踏入数字化和网络化的全媒体时代，人人都可以成为信息的参与者和传播者，同时也是信息的感受者和分享者，人们的情感交流、思想碰撞也都完全融入到大数据的海量信息中去，因此建立红色网站宣传大学生核心价值观，用受大学生欢迎的语言表达方式积极培育传播社会正能量是很不错的选择。红色网站的设计应不只是单纯的播放红色电影和音乐简单介绍党史等知识，更要注重时

事热点问题的讨论，提倡大学生关注国家、关注社会、积极发表自己的意见和看法。当然网络也会存在很多负面影响，例如活跃在虚拟空间的"意见领袖""网络大 V"经常制造一些与大学生核心价值观相悖的言论。因此，在探索利用网络和媒体对大学生进行社会主义核心价值观教育的过程中，摒弃网络的娱乐化倾向和负面影响也是教育者应探索的问题。总的来说，红色网站要以一种新媒体的方式以科学的理论向社会答疑解惑，以先进的文化占领思想舆论领域的制高点，引领社会新风尚，构建社会主旋律，并把红色文化传播引入时代元素，赋予其新的时代内涵，使之更加贴切大学生的现实生活和学习，坚决抵御历史虚无主义思潮等错误思想对大学生的腐蚀。

当下高等教育的一个重要课题就是加强大学生主流意识形态的教育，培育大学生社会主义核心价值观，关系着国家的未来，因此，要充分利用河北红色文化资源的价值为高校思想政治课注入新的活力。通过政府宣传、加大河北红色文化体系在高校的系统建设等方式突出地域特色，以新兴载体为媒介共筑河北省高校思想政治教育的多元发展局面，积极推进河北省思想政治教育健康全面的发展（如图7-5 所示）。

图 7-5　河北省高校利用红色革命文化资源状况调查问卷

附：大学生社会调查报告

大学生对石家庄红色旅游的认识调查报告

（药学院 张红竹、刘亚琪、邢雪、王彦、张环宇、臧艺蓓、黄晓尚）

一、调查背景

（一）石家庄的红色历史悠久

石家庄在历史的发展中和中国革命的进程紧密相连，在这里，开创了"夺取大城市之创例"，吹响了向城市进军的号角。随着中共中央的到来，又一次奠定了石家庄在中国革命史上的特殊地位。石家庄成为新中国成立前夕中国革命的政治中心。由解放石家庄战役开始，吹响了中国革命由农村向城市战略转移的号角，拉开了中国共产党成为执政党的序幕。

（二）红色旅游的发展前景

红色旅游对于增强全国人民特别是青少年的爱国情感、弘扬和培育民族精神，具有重要的现实意义。随着时代的发展，爱国主义教育方式迫切需要改进和创新。发展红色旅游，可以在参观游览之中将革命历史和革命精神通过旅游传输给广大人民群众，有利于人们获得精神的激励和思想的启迪。 此外，随着我国人均收入水平的不断提高，居民的旅游消费支出逐年增长，对旅游内容和产品提出了新的要求，迫切需要旅游业进一步调整完善来满足人们多样化的精神文化需求。红色旅游作为旅游业的重要组成部分，对于满足旅游需求、促进旅游业发展具有积极作用。

（三）开展红色旅游的目的

对于我们这代大学生而言，中国共产党90多年来的风雨历程渐行渐远。对党的发展和党的历史了解与认识越来越模糊。而红色革命精神，不仅是党，也是我们中华民族的宝贵精神财富，在改革开放和社会主义现代化建设的新时期，特别值得我们继承和发扬光大。所以去了解和认识这段历史对于我们这代大学生有着重要的意义。

二、调查内容

（1）调查时间：2015 年 12 月至 2016 年 4 月。
（2）调查对象：石家庄市各高校大学生。

三、调查方式

纸质问卷调查以及网络问卷调查。

此次调查旨在考察石家庄市大学生对石家庄红色旅游的了解认知情况，了解新一代年轻人对于红色旅游的想法和意见。

问卷共 21 题。1 ~ 3 题是关于调查对象的个人简单信息。3 ~ 21 题是关于大学生旅游情况及对红色旅游认识了解和建议的调查。问卷发放 320 份，收回有效问卷 313 份，数据真实可信。

四、结果分析

（1）我们的调查对象涵盖大一至大四学生，其中大二、大三占多数，如图 1 所示。

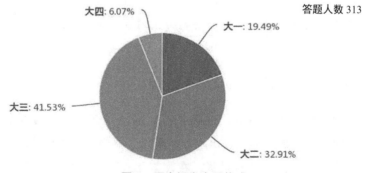

图 1　调查问卷人员构成

（2）从调查结果可以看出 73.48% 的学生认为很有必要进行革命知识宣传教育。认为不是特别重要的占 20.45%，没意义的占 3.3%，仅有 2.2% 的学生认为无所谓。如图 2 所示。

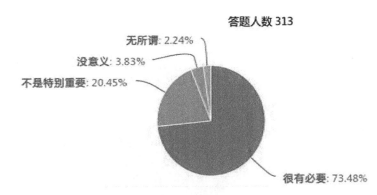

图 2　大学生对进行革命知识普及和革命教育的态度

如图 3 所示，去过革命纪念地 3 处及以上的党员占 38.5%，团员占27.6%，群众占 34.6%。大学生的思想觉悟与政治面貌还是具有一定的相关性，党员和团员对于革命纪念地的热衷度要高一些。

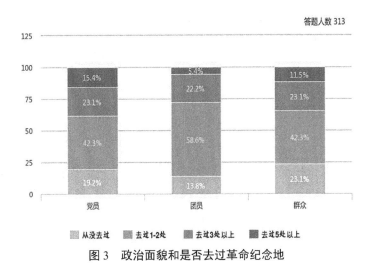

图 3　政治面貌和是否去过革命纪念地

结合这两个题可以看出，对大学生进行革命思想教育是很有必要的，学校要提高大学生的思想觉悟不妨从组织参观革命纪念地这种简单的方式入手，使大家在游览中汲取知识，获得奋斗的力量。

（3）从图4中可以看出，选择名胜景区的学生占53.99%，选择游乐场所的学生占21.09%，选择古镇的学生为16.93%，选择红色景区的为7.99%。由此看出大学生选择名胜景区和游乐场所的居多，选择红色旅游景区的比例相对偏低。

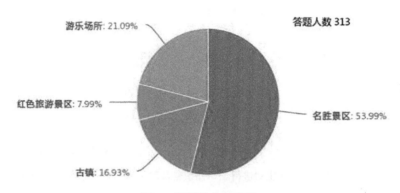

图 4　旅游地点的选择

从图5可以看出，选择个人游的占53.35%，选择家庭游的占23%，选择团队游的占19.81%，选择学校组织游的占3.83%，由此看出大学生选择个人游和家庭游的居多，选择学校组织的比例最小。

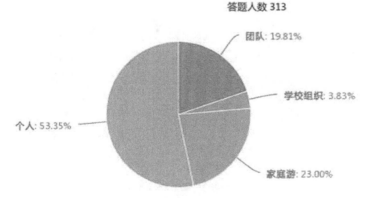

图 5　旅游方式的选择

从图6可以看出，78.27%的大学生表示愿意参加学校组织的红色旅游活动。

综合图6和图7来看，个人游是大学生选择出游的主要方式，在个人游中选择红色旅游景区的人数所占比例最低。相反，在学校组织的旅游方式中选择红色旅游景区的比例最高。所以建议学校多组织一些类似红色旅游的活动，满足学生们的积极性，为大学生提供多多参与红色旅游、接触红色旅游文化的机会，增强大学生的民族意识和爱国情怀，让红色革命精神渗入以后的学习工作中。同时也可以带动他们的家人朋友选择红色旅游，让更多的人了解红色革命历史，共同提升精神境界，在社会大环境中共建精神文明和谐的氛围，推动国家的精神文明建设和红色旅游文化的繁荣发展。

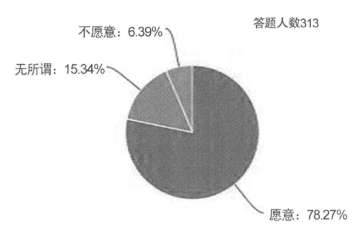

图 6 对学校组织红色旅游的态度

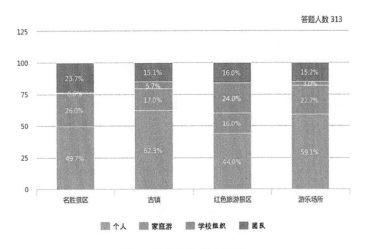

图 7 旅游地和形式汇总

（4）从图8中可知，大多数学生了解革命教育的方式为学校教育，其次为电视网络。说明学校对中国革命历史的宣传有着巨大的影响，肩负文化传播的历史重任，既要教会学生文化知识又要进行思想引导。因此学校应该尽可能多的举办一些中国革命历史宣传活动，弘扬中国红色旅游文化，电视网络媒体也可以成为红色旅游文化宣传必不可少的途径。

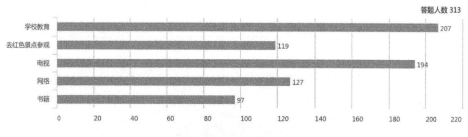

图8　接受革命教育的途径

（5）从图9中可知，认为红色革命精神与个人生活有比较大关系与关系不大的学生各占一半，由此可见，虽然大多学生爱国意识比较强烈，但对红色革命精神仍不是特别了解，如红色革命精神中的"不怕艰难险恶"的长征精神，"艰苦奋斗、勇于开拓"的北大荒精神，"谦虚谨慎、戒骄戒躁、艰苦奋斗"的西柏坡精神，"自力更生、艰苦奋斗、勇攀科学高峰"的两弹一星精神等，这些与大学生的生活是息息相关的。因此，对这方面的宣传教育应进一步加深，通过开展教育活动，使广大学生的思想和灵魂得到深刻洗礼，学习革命先烈的崇高品质和爱国情怀，继承和发扬红色精神，确立当代大学生的核心价值观，能够将精神力量转化运用到生活中。

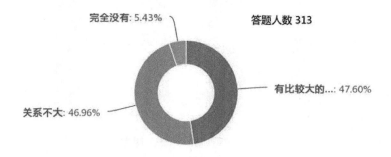

图9　红色革命精神与个人生活关系

（6）如图 10 所示，对于目前红色旅游资源显现方式比较满意的约占 6.4%，很不错的约占 17.6%，还可以接受的约占 51.8%，过于单调的约占 24.3%，可见这些宣传方式是比较喜闻乐见的，有一定的优越性，可以很好地展现老一辈革命家先进的革命事迹。但仍有一些学生认为这种方式过于单调，因此展现方式的多样性需要加强。

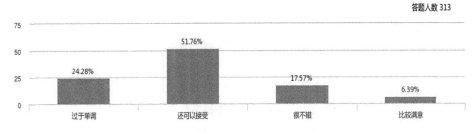

图 10 对目前红色旅游资源显现方式的态度

由图 11 可知，红色旅游还可以增加举办文化艺术节、放映抗战电影、安排专人讲解等方式。其中大多数学生比较希望举办文化艺术节来了解历史文化，这种方式占到了近一半，因此旅游景点举办文化艺术节将会是吸引游客的一个不错的方法。

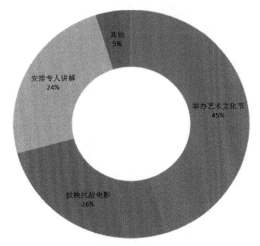

图 11 希望红色旅游增显现方式

（7）由图 12 可得，学生选择红色景区的原因有 63% 是历史的吸引，61% 是人文气息浓厚，47% 的人选择对历史人物的崇拜，只有少数学生选择门票价格低，风景优美及其他原因。可见大学生大多有着强烈的爱国意识，那段红色革命岁月以及惊心动魄的故事对大学生有强大的吸引力。

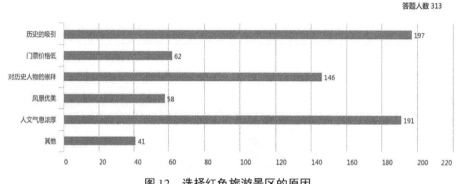

图 12　选择红色旅游景区的原因

（8）从表 13 可以看出，在政府对红色旅游宣传比较到位的情况下，大家对于居住地革命历史了解的占 78%，几乎不知道的占 22%；在宣传不全面的情况下，对居住地革命历史了解的占 73.7%，几乎不知道的占 26.2%；在很少宣传的情况下，知道的占 59.1%，几乎不知道的占 40.9%。这说明宣传程度与了解程度有很大关系，政府部门应该加大宣传力度，提高大学生对居住地革命历史的了解，增强历史责任感，实现红色革命精神在社会主义核心价值体系建设中的作用。

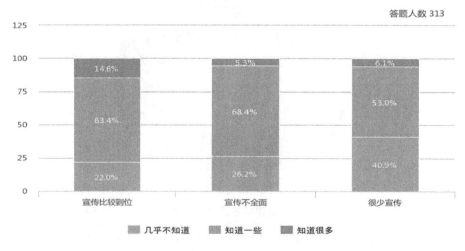

图 13　对政府宣传红色旅游情况的满意度

（9）从图14看出，绝大多数人认为应该增强文物保护力度，提高导游解说质量，近半学生表示应当减少浮夸，三分之一的学生认为应适当增加音响宣传、更新卫生设施或相关基础设施和增加一些娱乐设施来吸引较低年龄的人群。说明大家对于红色旅游景区和文物保护很是重视的，有意识地进行红色旅游文化的传承和保护，但是对于红色景区的具体事物的认知还是不全面的，需要加强相关景点的解说工作，安排服务优质的导游，便于游客更好去了解和感受革命历史。一方面，可以增加音响宣传将视觉与听觉结合起来，可以达到事半功倍的效果。另一方面，可以适当增加一些娱乐设施吸引较低年龄的游客，扩大旅客群体和年龄范围，更新卫生基础设施以提高旅游景区整体的环境质量，给人们舒适的旅游环境。

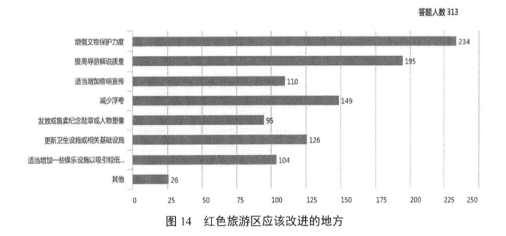

图14 红色旅游区应该改进的地方

五、意见和建议

（一）政府和社会

提高认识，增加投入，充分发挥红色革命精神作为爱国主义、共产主义教育基地的公共文化服务功能。首先，应加大对红色革命精神建设的政策倾斜，将具有传承革命传统、进行红色教育功能的文化建设部分纳入国家规划的公共文化服务体系当中。完善的规划和政策，既是宏观的导向，也具有微观指导意义，能够为红色革命精神的发展指引方向、提供思路、制定目标、提供方法，从而使红色革命精神的发展沿着良性的轨道顺利前进。其次，加大财政投入力度。对免费开放的爱国主义教育基地的资金缺口，在合理核算的基础上进行适当补贴；各级地方政府应克服"等、靠、要"的心理，解放思想，开阔思路，利用多种渠道、多种方式筹集社会资金。最后，充分挖掘红色革命资源的内涵。红色革命精神是一种先进文化，红色革命资源中蕴含了丰富的内涵，包括政治、经济、文化、历史等。拓展红色文化应用的空间，有利于红色革命精神的弘扬与传播。

（二）学校

开展红色旅游，是大学生思想政治教育内容和形式创新的需求，目前高校对大学生的思想政治教育方法单一，大多教师仍然以传统的课堂讲授为主，学生处于被动状态，无法充分发挥其学习的积极性、主动性和创造性。在这种情况下，如何丰富并创新大学生思想政治教育的内容和形式就成为一个值得深思的问题。而红色旅游可以丰富大学生思想政治教育的内容、创新其形式，红色旅游可以为大学生思想政治教育提供广阔的空间和生动的舞台，可以集思想政治教育与旅游观光于一体，寓教于游。通过红色旅游，老一辈革命家的崇高品格、先进事迹、精神境界、道德风范、人格魅力可以教育、鼓舞大学生，使他们在潜移默化中思想受到感染，灵魂受到洗礼，从而达到思想政治教育的目的。

学校可以组织一些寓教于乐的体验型红色旅游项目，使大学生的意志得到磨炼、思想得到升华、能力得到提高。如：让大学生演一回红色故事中的主角，或者让他们吃一顿红军饭、走一段红军路、唱一支红军歌、看一部红色战斗电影、参加一次红军的战争演习等。通过这些方式，给大学生以全方位的切身体验，提高红色旅游的感染力、兴趣性和吸引力，甚至可以让大学生一同参与红色旅游产品的设计，以增强红色旅游产品的时代性。这样不但可以激起大学生进行红色旅游的兴趣，还可以达到一定的口碑宣传作用。

六、心得体会

作为新时代的大学生，红色旅游可以让我们了解祖国和党的历史，增强爱国的情感和振兴祖国的责任感，树立民族自尊心与自信心，弘扬伟大的中华民族精神，今天为振兴中华而勤奋学习，明天为创造祖国辉煌未来贡献自己的力量。通过我们的传播，红色历史中自强不息的精神也会生生不息，在中国人的血液中永远流淌传承。

当今世界正处在大发展大变革大调整时期，世界多极化、全球化深入发展，世界经济格局发生新变化，综合国力竞争和各种力量较量更趋激烈，我们青年一代肩上的责任很重，中国经济的腾飞，民族复兴的重任都将是对我们的严峻考验，通过这次调查我们更深刻地体会到了红色旅游精神也在与时俱进，也在不断地发展与创新，不单单是老一辈的智慧结晶，也融入了更多的新内涵，成为激励与指引民族前进的宝贵财富。作为大学生的我们应该汲取和继承这些宝贵的精神财富，把革命先烈的优良品德发扬和传承下去。

第四节　河北红色优秀史剧在高校的传播运用

关于历史题材影视作品的定义艺术界内一直存在争议，但是具有代表性的观点认为：历史题材的影视作品包括历史剧、戏说历史剧、古典名著改编的影视作品，是有原则区别的影视作品，尤其是历史剧，是以真实的历史人物和事件为表现内容的艺术作品，剧中的人物和事件须是历史上曾经发生的，有史料记载的史实。从形式而言此类型的影视作品可以分为电视剧、电影、纪录片等。这类作品的特点是以影视作品的形式观照历史的行为，使人们能够借助历史的逻辑，来再现民族身份和人对自我命运的关怀，使我们更加深入地领悟民族与自身的发展现状，并激发浓浓的爱国主义情怀，这些思想既符合时代要求，又体现了当今社会主义核心价值观的要求。

思想政治教育在当今中国高校教育中占据重要位置，而影视作品是一门思想性、艺术性俱佳的教育载体，好的影视作品能引导学生树立正确的世界观、人生观和价值观。因此，引入红色优秀历史剧影视作品的鉴赏对大学生进行思想政治教育具有重要的现实意义。有助于大学生以健康积极的心态面对改革开放道路上所遭遇的各种矛盾，认同社会主义先进生产力和先进文化的发展方向。作为红色文化资源大省的河北，有着丰富的红色文化内容，有着天然的教育优势。在红色文化教育中，有涉县的一二九师、冉庄的地道战、狼牙山五壮士、涞源的孟良崮战役、白洋淀的小兵张嘎；在爱国主义文化教育中，有"新中国从这里走来"的西柏坡、有"绿水青山就是金山银山"的塞罕坝、有当代"活愚公"遵化砂石峪人、"群众所信任的领袖人物"耿长锁等。河北红色文化资源具有三大优势：点多面广，主题突出；新老结合，研传有序；"红""绿"相间，便于拓展。这为影视创作者们提供了大量真实宝贵的素材，进而通过影视手段有效地宣传了红色文化，提升了人民群众的文化自信。河北省红色资源的影像化相较于其他红色资源利用方式，其独特优势在于它的呈现方式更加生动立体。

一、红色历史剧影视艺术作品相较其他思想政治教育方式的优越性

（一）具有更强的导向性

与很多上了年纪的人比，当今的大学生对政治的敏锐性和关注度远不如他们。影视剧作为文化艺术作品，具有非强迫性，其集娱乐、教育于一身，更容易为大学生所接受，这为政府和大学生搭建了沟通的桥梁。尤其是通过经典的史剧等主旋律影视作品这种休闲、娱乐极受欢迎的方式，人们可以在潜移默化的欣赏过程中接受影视作品所弘扬的集体主义和社会主义的精神，增强大学生对党和国家的信任，培养大学生的爱国主义情怀。

（二）更具直观性

利用信息技术将优秀的影视资源整合到学科课程，较之传统的灌输教育与直面说教相比更具有教育的直观和实效性。影视艺术通过直截了当和形象鲜明的方法传播信息，图像较为直观形象，声音则具有穿透力和动感特点，创造一种赏心悦目、引人入胜的效果。这种手段一改传统教学封闭、

说教、灌输的单一模式，教师在讲授中分析大量生动形象的影视片段，将抽象冰冷的理论化为可知可感的教育行为，对学生起到极大的激励和鼓舞作用。根据调查，大多数学生喜欢运用影视作品载体教学与讲授相结合的教学方式。

（三）更具娱乐性

现在社会发展迅速，人们生活压力加大，这使很多人容易产生精神空虚、抑郁等心理问题。影视艺术作品，无论何种题材，几乎都具有娱乐性。大学生通过观看影视作品可以使精神压力得到很大放松，这种寓教于乐的方式既是对紧张生活的一种调剂，同时还可以让学生通过观看作品掌握信息、获取知识。影视艺术作品可以更形象地诠释人生与做人的道理，寓教于乐，易于被学生接受。

二、河北红色历史剧影视作品在高校传播的意义

用影像记录将共产党人和人民群众的红色故事鲜活再现，可以使大学生更好地感受其中的精神内涵。在新中国成立之初，河北的"红色"影视作品便已经出现在荧幕上。21 世纪是媒介融合的年代，传统媒体和数字化媒体交相发生作用，广泛地吸纳着各个层面的受众。在国家对主流文化高度重视的今天，尤其是在我们建党一百周年的关键时刻，红色影视的创作进入到了一个新的高峰。2021 年一部红色影视剧《觉醒年代》脱颖而出、火爆全网，在各大网站评分达到了 9.5 分。该影视作品以其精良的制作、演员精湛的演技、神形兼备的完美选角、事无巨细的细节处理和流畅利落的叙事风格深深抓住受众，尤其是青年人的心，取得巨大成功。很多高校在热议这部剧的同时把电视剧片段穿插在了思想政治课教育中，学生们反响热烈。无独有偶，河北红色文化资源丰富，《野火春风斗古城》《小兵张嘎》《平原烈火》《新儿女英雄传》《烈火金刚》《狼牙山五壮士》《敌后武工队》《地道战》等多部表现河北人民英勇抗战的红色经典作品同样为燕赵红赋予独特的含义，展现出了燕赵儿女的精神风貌。

（一）教育引导大学生

影视作品自诞生之日就承担着重要的思想政治教育工作，特别是一些以革命历史为题材的史剧影视作品，其对传播正确的政治文化，宣扬主流价值观，传导社会正能量等方面均起着重要的作用。

比如河北红色影视剧《太行山上》，由省委宣传部、邯郸市委市政府、燕赵众合文化传媒（北京）有限公司、邯郸广电传媒有限公司、涉县县委县政府联合摄制，是为纪念中国人民抗日战争暨世界反法西斯战争胜利70周年精心创作的重点剧目。该剧全景式展现了在党中央和毛泽东主席领导下，八路军在太行山区、冀南地区坚持全面抗战、全民抗战、持久抗战的光辉历程，真实呈现了刘伯承、邓小平率一二九师首战阳明堡、出击神头岭、再战响堂铺、伏击香城固等经典游击战例，浓墨重彩地描绘了"9000将士进涉县、30万大军出太行"的壮阔历史画卷，阐释了"兵民是胜利之本""民为邦本"的核心理念。这些历史情景的再现更加让人体会到依靠正确党的领导的重要性。也通过历史再一次有力地证明，我们取得的一切成就都是在中国共产党领导下人民英勇奋战的结果。这些都体现了树立正确的理想信念和政治信仰的重要性，有利于大学生重新坚定对社会主义的信心。

随着我国改革开放的不断深入，各种文化思潮相互激荡，大学生面临多种价值观念的冲击，部分大学生产生了价值取向扭曲、诚信意识淡薄、社会责任感缺乏的现象。而优秀的史剧影视作品展现给我们的是国家和民族利益高于一切，为人民的幸福不惜牺牲的忘我精神以及全心全意为人民服务的价值观念。例如有一部影片曾经感动了很多人，它就是《周恩来的四个昼夜》。影片讲述了三年经济困难时期，全国发生了大饥荒，人民生活困苦，国民经济面临崩溃。在此背景下，周总理来到河北邯郸的伯延公社考察调研，在四个昼夜中与当地百姓发生的故事。影片中的情节，让观众再次感觉到了老一辈无产阶级革命家求真务实、全心全意为人民服务的工作态度，让观众看到了一个始终把人民利益放在第一位的伟人的情操；让观众更深刻地体会到我党始终代表人民群众的根本利益的优良作风。这些影视剧通过对主人公的刻画让广大学生在欣赏艺术作品的同时也接受了正确价值观的教育，从而能够自觉地融入社会主义核心价值的体系教育之中，有益于帮助大学生树立正确的世界观、人生观和价值观。

（二）宣传河北形象

燕赵大地自古多慷慨悲歌之士，河北的土地养育了无数英雄儿女。自古燕赵侠士之风的河北人，敢于舍家为国，抛头颅洒热血，谱写了一段段英勇不屈、荡气回肠、可歌可泣的抗战历史故事，涌现出无数前赴后继的抗战英雄。比如杨成武在易县、涞源一带指挥的大龙华、雁宿崖、东团堡等山地歼灭战使敌闻风丧胆，全国民兵战斗英雄李殿冰等把麻雀战运用得最为出色，民兵爆炸英雄李勇等开展的地雷战，冀中平原保定清苑区冉庄等地民兵创造的地道战等，都为文学创作和影视创作提供了丰富的素材。电影、电视在传递红色资源的同时，展现了河北的山川河流、城市乡村、风俗习惯，这在无形中塑造着地域形象，与文化宣传和经济发展形成了相互助力的良好态势。

三、河北红色史剧影视作品在高校思想政治教育中运用的几点建议

红色史剧影视作品的自身特点和媒体优势，对加强大学生思想政治教育会产生积极的影响和作用，高校要充分利用好这一有效载体，更好地发挥思想政治教育功能。

（一）注重提高思想政治教育的实效性

教师要结合自身实际，积极向学生推荐优秀史剧经典影视作品并加以正确引导，特别是要结合作品的主题、历史背景、情节、人物个性等相关知识对学生进行指导，这样才能在改革教学形式的同时，提高教育教学效果，增强思想政治教育的实效性。

（二）要紧密结合学校思想教育工作

要把影视作品的观看与学校思想政治活动和校园文化活动有机结合起来，

让其成为活跃校园文化、建设格调高雅的校园文化的重要方式，让社会主义核心价值观融入对学生生活教育的方方面面。

（三）开展观后讨论

学校可以通过开设一些关于影视介绍和评论的课程及大学生社团活动等形式，引导大学生正确地认识和对待不同时期、不同背景下的影视作品，进而使得大学生养成良好的收视习惯。或者是通过课程、讲座以及影评活动等方式，结合思想政治教育的内容设计讨论议题，启发和引导学生进行思想讨论，自由地发表感言，让大学生在讨论中自觉接受教育。

（四）积极推动大中小学德育共同体

截至目前，河北红色影视作品虽具备一定规模，但还有大量的红色文化资源未进行很好的影视开发和利用，在某种程度上，这影响了红色文化的保护和传承。大学生对于地方红色文化的了解有限，与影视作品的数量有限，是有着直接的关系的。因此，积极推动建立德育共同体，加强大中小学合作开展研学，积极挖掘河北红色经典的新形式，将红色影视传递到年轻受众的手中，让红色文化在年轻人的心中扎下根，积极承担起传承英雄精神、创新红色经典的使命。

第五节　河北红色基因融入高校党建工作机制建设

随着"四个全面"的全面从严治党向高校延伸，高校党建的核心要素、基础标识、创建机制等问题需要进一步深入研究，以此提升党建引领的高度和组织育人的深度以及促进工作深入发展的实效性。以本地红色基因推进高校党建工作创新和建立实践的新机制、新理念和新载体，成为当代高校探索的热点。红色基因引领党建的过程是党建资源整合的过程，可以更好地探索新模式、新方法，通过资源整合、统筹协调，创新党建工作新模式，同时也是有效解决党建突出问题的抓手。目前，个别高校在党建运行过程中忽视了对党建长效机制的构建和执行。高校党建是一项长期性、系统性的战略工程，这就需要在以红色基因推进高校党建过程中建立与之配套的长效机制，在实践过程中，建立领导统筹机制、项目推进机制、有效参与机制、宣传推介机制等一套科学合理的支撑机制，不断提升党建运行质量和实效。不断提高党建工作的发展质量，破解发展中的难点和堵点，促进党建工作更加科学规范。

一、红色基因融入高校党建工作的重要性分析

（一）为党建工作提供思想指导及物质载体

将红色文化融入党建工作中，能够为党建工作提供思想指导，也能够为党建工作提供丰富的物质载体。党建工作的开展要同国家的政策、方针、指导思想以及国家文化相融合，而红色文化恰恰能够包含上述党建工作的开展要点，将其应用于党建工作的开展中，可以增强高校党建工作的文化底蕴，起到思想引领的作用。同时，红色文化中的革命历史遗迹、革命优秀文学作品、影视作品，也能够丰富高校党建工作的表现形式。

（二）红色文化有助于增强党组织凝聚力

中国的近代历史发展道路坎坷曲折，经历过了数次的失败与艰辛，在无数次的尝试后，才最终找到了一条能够挽救民族于水火之中的正确道路。中国共产党的诞生，是近代史上开天辟地的重大事变，直接改变了中国近代的发展方向。在中国共产党的领导下，新中国成立了，并迅速地从战争的阴影中走出，国家经济、科技发展迅速，现如今已然跻身在世界强国之列。而中国共产党之所以能够领导新中国走向繁荣昌盛，同中共领导人及党员所具有的坚定的理想信念是不可分割的。新中国的建设者们，是理想主义的化身，

他们能够为了建立新中国的理想奉献一切。这种坚定不移、矢志不渝的精神值得高校党组织人员学习。因此，将红色文化融入党建工作中，有助于树立党组织人员的文化自信，增强党组织凝聚力。

二、河北红色基因融入党建工作机制建设

（一）建立党委引领的统筹机制

要想将一般性的党建工作做好，提升党建特色，就需要高校党委在顶层设计上下足功夫，既要做好阶段性的工作打算，又要做好长期规划，通过系列系统谋划，制订整体方案、明确主题主线，确保党建实效持久发力。各基层党组织紧紧围绕高校的顶层设计，结合自身专业特色、工作实际，以"找准重点、突出特点、展现亮点"为原则，夯基筑台、立柱架梁，不断开拓工作思路，创新工作模式，用红色文化的特质引领确保党建方向不跑偏。高校党委要充分发挥好主导作用，明确管理者和参与者的任务。对实施情况进行监督、评价和控制。根据建立的目标管理体系，编写目标管理责任书，表明责任人的权限、目的，完成期限，以及需要上级给予的权限和提供的保障条件和奖罚办法。各基层党组织要充分发挥好主体作用，坚持顶层设计与整体推进相结合，形成强大的合力，才能确保党建的生命力不断增强，影响力不断扩大。各高校党委应呈现"全程指导、全程纪实、全程监督、全程问责"的动态管理模式，把以红色引领党建作为品牌建设纳入年度书记抓党建工作述职评议考核的重要内容，确保党建工作有章可循，党建建设成果取得实效。

（二）建立以先进理念引领的推进机制

高校党建创建理念要先进，要准确合理定位，紧扣时代发展脉搏，紧扣教育教学中心工作、紧扣改革发展大局。要结合高校特色的战略发展，引入管理理念、育人理念，在此基础上有效沟通、凝心聚力，要充分认识到加强创建党建品牌是新时代背景下加强高校基层党组织建设的一个重要途径，是

凝聚师生人心、促进事业发展的重要抓手。同时，高校为传承可以设置红色基因传承委员会，专设一些具体人管路具体事宜，运用有限的人力、物力、财力资源在各个参与主体间进行调配，及时处理传承中出现的矛盾，提高传承效率和效果，最大限度实现既定的传承目标；并将红色基因传承活动纳入各个院系教师年度考核中，做好奖罚评价。高校党建在提高组织育人水平上，缺乏有效认同。高校应将改革发展建设和推动中心工作紧密结合，将推动"两学一做"学习教育常态化制度化、"对标联创"活动、"校园先锋工程"等党建重点任务深度融合，避免出现党建工作与中心工作、重点任务"两层皮"现象。真正实现党建工作与高校中心工作、重点任务"你中有我、我中有你"，将传承本地特色的红色基因的党建品牌创建过程作为发现破解党建过程中难题的重要抓手。

（三）建立提升认知的宣传推介机制

为保证高校基层党建的实效性，需提升党建工作人员对于红色文化的思想认知。党建工作人员对于红色文化的认知水平，在一定程度上是决定高校党建工作完成情况的重要因素。但是在现阶段我国高校的基层党组织建设中，部分党建工作人员缺乏对于红色文化的理解，对红色文化的认知较为浅显，不能够充分发挥工作人员对于党建工作的积极作用，导致基层党员在参加党建活动时也受到影响，无法正确认知红色文化教育的重要性。因此，在现阶段的党建工作开展过程中，首先要做的是加强党建工作人员对于红色文化的认知，提高他们的思想政治水平、道德素养。高校应该对党建工作的工作人员定期进行培训工作，为他们提供学习红色文化的平台，尤其是建立红色网站、开设红色微信公众号、微博等，发送一些红色小说、红色影视剧，开辟红色专栏。红色文化中蕴含着丰富的精神资源、文化资源，例如"西柏坡精神"，电影《地道战》《狼牙山五壮士》等等，将其融入党建工作，可以为高校的党建工作提供丰富的教育资源，也为其同党建工作的进一步融合展开了便利条件。

红色文化是中华民族革命精神的象征，有着深刻的意义和宝贵的精神财富。在当今时代背景下，党建工作的开展要能够体现红色文化、红色精神，加强红色教育同党建工作之间的联系，让基层领导干部深入理解红色文化的内涵，将象征着中国的红色种子深埋进每个基层党员的心中，生根发芽，进一步打造高校红色基因传承阵地，共绘高校红色文化传播新远景。

（四）建立协同发展的参与机制

在现阶段我国高校的教育系统中，党建工作的开展同红色文化课程分别属于两个体系，双方之间缺少融合，造成党建工作的开展受到影响，也直接影响了红色教育的效果。因此，高校在日后的党建工作过程中，要尽可能地将红色基因的传承同党建工作相对接，建立二者之间的联系，让党建工作中包含红色文化教育。在实际的党建工作进行过程中，要尽可能地体现红色基因的传承，发挥红色文化对教育的积极作用，并依据红色文化精神，丰富党建的工作形式。例如，可以在进行党建工作时，组织基层领导干部针对红色文化展开研讨活动，开办红色主体研讨会；也可以让基层党员发挥自己的艺术、摄影、文学等特长，创办红色主体艺术节、红色作品展览会；还可以让有兴趣的干部根据红色影视作品进行话剧改编、开办红色主体话剧会等，以此丰富党建工作的开展形式，加强红色文化同党建工作的融入，将红色文化融入高校基层党建工作中。此外，高校的党建工作组织者也可以组织学生在闲暇时参观红色文化遗迹，让学生实地感受红色革命精神，感受历史中的中国革命者们为了建设新中国所付出的不懈努力。这些革命遗迹所代表的历史意义具有充足的感染力，是书本和课堂无法比拟的。

传承红色基因作为党建的主要内容，亦是高校党建的主要途径，高校应抓好特有优势，把本土红色基因传承好，以红色基因特有的精神内核和非凡特质，促进高校党建创新改革，使高校党建更具感召力和影响力。确保高校党建活动实现多主体参与、多渠道拓展沟通，多载体支撑，充分发挥河北红色精神在高校党建工作中的高质量发展。

第六节 河北红色基因融入高校学生党建工作路径

河北红色文化是革命时期中华民族精神的缩影，象征着中华民族的理想和信念，是我国重要的文化精神财富，值得生活在和平年代的我们学习和传承。在高等教育学校的党建工作中引入红色文化，有利于让处在新时代的学生们形成良好的人生观，对我国大学生树立正确的思想意识有着重要的帮助作用。因此，在新时代背景下，我国高校的大学生党建工作要同红色文化相结合，发挥红色文化的积极作用，改变传统的党建工作形式，打造良好的红色文化校园氛围。

现代信息化技术的发展为人们的生活带来了许多便利条件，让生活在校园中的大学生们有了得以接触外国文化和思想的渠道，让学生的思想变得更加多元化，有利于当代大学生扩展思路、开阔视野。但是与此同时，不可否认的一点是，这些来自国外的思想和文化在为学生提供了充足的信息获取渠道的同时，也对他们的思想意识和价值观念造成了一定的冲击，导致高校的基层党建工作难度愈发加大。在这种社会背景下，高校有必要加强红色文化同基层党建工作的融合程度，深入挖掘红色文化内核，以此实现红色文化的传承，实现党建工作的稳步发展。

一、红色文化概述

红色文化象征着中国特色社会主义的革命精神，是马克思主义传入中国后同中国国情相互融合后所形成的一种优秀文化，亦是中华民族精神、民族力量的体现。红色文化同中国文化不可分割，红色亦是中国的代表颜色，是中国的希望之色，在红色光芒照耀下的土地，理想与信念之火亦会生生不息。红色文化是中国共产党长久地领导中华民族进行革命抗争中所形成的观念意识的累积，是我国特色社会主义建设的重要精神财富，其所积累下的正确的世界观、人生观、价值观，能够对我国高校学生的思想产生重要的积极作用。高校学生作为祖国建设的重要力量，在校园期间加强对其的红色文化教育，有助于弘扬爱国精神，传播正能量，无论是从国家建设层面还是个人发展层面，都有着重要的意义。

二、现阶段大学生党建工作中存在的问题

目前，我国高等学校在开展基层党建工作时，存在一些问题，阻碍党建工作的发展，造成党建工作无法发挥出应有的积极作用，形式主义严重，不能够满足新时代的发展需要。

（一）党建工作中缺少对红色文化的融合

第一，我国高校党建工作的相关负责人缺少对于红色文化的认知和理解，对本土红色文化的重视程度也不够高，不能够深入挖掘本土红色文化内涵，因此无法将红色文化很好地融入党建工作中，造成高校党建工作中缺少对红色文化的理解和学习。

第二，我国高校的党建工作开展同红色文化相融合的方法尚有欠缺，造成党建活动十分乏味，无法调动学生参与党建工作的兴趣。除此之外，当代大学生生于和平年代，远离 20 世纪的动荡不安，对于红色文化的认知相对并不深刻，也因此缺乏对于积极参加党建工作重要性的认知。

（二）红色文化的融合方式略有欠缺

近些年来，在信息化技术所带来的文化冲击下，当代大学生的思想观念相比过去有着巨大的转变，他们对于新事物的接收能力更强，思想也更加开放。但是相对的，他们也更具有现实主义的思想特点，看问题时更愿意从自身角度出发。部分高校党建工作的负责人的观念仍旧停留在过去，开展党建工作的方式仍旧是以观看爱国红色电影、召开爱国主题会议等为主，对于学生来说，这种方式十分无趣，且形式主义严重，缺少实用性，不仅无法激发

学生参加党建工作的兴趣，甚至还会引起学生的反感情绪，长远来看，不利于我国党建工作在新时代背景下的稳步推进。

三、红色文化同学生党建工作融合的要点分析

红色文化同党建工作相融合，就要丰富党建工作形式，开展更符合现代学生生活习惯方式的党建活动，营造良好的红色文化学习氛围，加强对于党建工作人员的思想教育。将红色文化有效融合进高校的党建工作中，让当代青年大学生能够更好地理解红色文化，弘扬爱国精神，为处在大学时期的青年们提供精神指导，引导大学生建立正确的思想道德观念，树立崇高理想，避免学生成为高知识、低思想之人，这也更符合以德育人的教学理念。

（一）与时俱进

高校党建工作的组织者在组织党建活动时，应当创新党建工作的展开形式，结合新时期的思想观念，深入调查大学生的价值观念转变，结合党建工作的根本目的，对党建工作的内容进行创新改造，与时俱进，让党建工作不再流于表面形式。在过去的党建工作开展过程中，党建工作的组织者对于党建内容的理解仍旧停留在过去，不能够做到与时俱进、融会贯通，导致基层党员参加党建活动的积极性不高。因此，在当今的时代背景下，高校开展党建工作时，要针对红色文化的特性，加强学生对于红色文化的理解，同时要注意方式方法的创新应用，适当地调整党建工作的运行方法。

（二）以学生为中心，发挥红色社团的作用

高校学生党建工作的开办者，要关注大学生的思想观念、心理活动，从学生的角度出发，不断创新党建工作中红色文化的教育内容。高校基层党建工作要注重对学生的培养，以学生视角作为出发点，能够更好地将红色文化融合进党建工作中。在开展党建工作时，高校要从多个角度出发，全方位地引导学生，让学生自发性地探索红色文化中所代表的民族精神内核；同时，也要结合当今的时代潮流，以学生喜欢的方法丰富红色教育形式，让学生乐

于参加党建工作。当下学生社团的发展因时代的变迁呈现出新的多样化的特点，社团成员经常性开展社团活动，拓展活动形式，学生社团已经成为大学生的主要交往方式。通过学生社团鲜明的政治立场和价值引领，将红色基因植根于学生心中，使社团成为传承红色基因的主要渠道。跨地域流动是高校青年大学生突出的主体优势。来自不同地方青年大学生集聚在一所学校，他们是地方红色资源"走出去"的"宣传员"。通过高校联盟、各大高校青年大学生交流互动的形式，从中组建起一支传承红色基因的骨干队伍，充分发挥"党团班"支部集体、科研竞赛团队、学生实践社团在青年中的朋辈帮扶作用、榜样辐射作用，有力助推高校大学生成为弘扬红色基因的"活名片"。此外，高校青年大学生拥有相对独立的学术科研能力和广阔的实践平台，大学生通过在学术竞赛、课外实践活动中研究学习本土红色文化，关注了解红色资源及其发展现状，将助力高校大学生成为本土红色基因实现创造性转换和创新性发展的生力军，使红色基因在新时代的活力不断被激发出来。

（三）打造传播红色文化、传承红色基因的育人体系

提高党建工作同本土红色文化的融合程度，需要做的就是在校园中打造育人体系。首先，建设一支骨干教师队伍，撒播红色种子。组建一支专兼结合的对河北红色历史和文化深入研学的红色宣讲团，人选以高校思政课教师为核心，不同专业教师群体合作备课，使红色基因自然地浸润到不同学科教学中去，以润物细无声的形式在学生心里埋下红色的种子，并促其深根发芽，将红色基因传承与现实问题进行关联研究。强化红色文化对大学生的感化力和浸润力。其次，高校可以为学生提供接地气的河北红色文化实践课程，编撰面向大学生群体的"图""文""视""听"融合为一体的普及读本。融合图片、文字、微视频、语音形成宣传材料，增强其技术性和趣味性，拓展教育手段、寓教于乐。同时开展一批在时间上连续、在空间上连贯的红色主题校园文化活动，通过专题报告、读书会、实地宣传和体验红色等多种形式，让学生在实践中充分感受红色文化的魅力，检验所学的红色文化知识，将红色文化真正融入学生生活中。为此，高校党建工作人员要发挥自身的号召力，在红色文化的实践活动中活跃气氛，调动学生参与红色文化实践活动的兴趣，

充分发挥作为党员以及领导人员的积极作用，让学生能够更好地参与其中。

（四）结合现代信息技术力量

近些年来，网络信息技术日益发达，已经成为传递信息的重要渠道，为社会带来了巨大的变化，也给我国高校学生的生活习惯带来了翻天覆地的改变。当今时代背景下的高校学生，对网络的依赖程度较高，因此高校党建工作人员要抓住这一特点，结合网络科技，运用信息技术宣传红色文化。高校可以在校园网页中增加红色文化板块，提高红色文化的宣传力度，也可以利用校园微信平台，为学生展示党建工作的成果，扩大红色文化的宣传平台，为高校学生提供丰富的红色文化资源渠道，让学生能够更便捷、全面地了解红色文化，了解学校党建工作的成果。高校应综合利用调度校园文化传播载体，从载体的选择到载体的矩阵安排，做到统筹规划设计，有效借助、合理规划利用各类校园文化传播载体，缩短高校大学生与红色文化的心理距离，在牢牢把握意识形态正确方向的物理距离上进一步拉近红色文化和大学生的距离，使学生无论是从视听感觉还是观看体验均获益匪浅，从而加深其对红色文化的熟识度和兴趣程度，达到在校园内立体传播红色文化的效果。

结语

红色文化是中华民族革命精神的象征，是近代以来先辈们留给我们的宝贵的精神财富。在中国特色社会主义进入新时代的大背景下，高校应主动把红色文化、红色精神，特别是本土特色的红色精神融入思想政治教育工作中去，让当代青年大学生深入理解红色文化的内涵和价值，把象征着中国精神的红色种子深埋进他们的心中，生根发芽，绽放芬芳。加强红色基因传承事关重大，当下，如何继承这份宝贵的精神财富，在整个社会形成缅怀先烈、崇尚英雄的社会风气，是实现中华民族伟大复兴的最根本的依托。

参 考 文 献

[1] 李兰兰.人的个性发展与思想政治教育实效性研究 [D].济南：山东师范大学，2015.

[2] 热娜古丽·艾尔肯.新媒体提升大学生思想政治教育实效性研究 [D].银川：北方民族大学，2021.

[3] 段冬林.高校研究生思想政治工作运行机制创新研究 [D].广州：华南理工大学，2008.

[4] 王芳.高校思想政治教育机制创新的可行性 [J].中外企业家，2014（30）：184.

[5] 王芳.高校思想政治教育机制创新的意义 [J].现代经济信息，2014（10）：428.

[6] 王艳.浅论大学文化的使命 [J].教书育人（高教论坛），2017（6）：18-19.

[7] 李维昌.思想政治教育与利益的关系问题研究——基于当代中国利益多元化背景的考察 [D].昆明：云南大学，2010.

[8] 涂君.大学生人文素养培养研究 [J].江西教育，2020（30）：7-8.

[9] 宋怡诺.论高校体育课程与思想政治教育的融合 [J].品位·经典，2021（4）：85-87.

[10] 李绮.论新时期高校思想政治教育的创新 [D].武汉：武汉大学，2002.

[11] 石瑛.思想政治教育过程机制研究 [D].长春：吉林大学，2008.

[12] 韩忠岭.红色歌曲国家精神塑造与当代传播价值探析——《我的祖国》音乐文学视角 [J].新闻研究导刊，2021，12（7）：1-5.

[13] 鄢姿.关于加强高校革命文化教育的思考 [J].闽南师范大学学报（哲学社会科学版），2018（10）：142-146.

[14] 马静.实现中国梦与传承革命传统文化探析 [J].学理论，2014（29）：105-106.

[15] 刘玉标，马静.关于红色文化推动马克思主义中国化的思考 [J].井冈山大学学报（社会科学版），2012，33（3）：25-29.

[16] 韩承鹏.进一步提升上海红色文化的育人成效 [J].党政论坛；2019（7）：45-48.

[17] 辛志军.论陕西红色文化的思想引领价值 [J].教育现代化，2018，5（31）：341-343.

[18] 马静，刘玉标.红色文化发展坐标论析 [J].理论探索，2012（2）：43-45.

[19] 赵婷.上海红色文化资源与大学生爱国主义教育研究——以上海高校为例 [D].上海：上海师范大学，2018.

[20] 王雅霞.浅谈德育的开发功能 [J].辽宁师专学报（社会科学版），2001（2）：97-98.

[21] 欧家芬.广西红色文化在思想政治教育中的应用研究 [D].广州：华南理工大学，2020.

[22] 马静.红色文化培育社会主义核心价值观的思考 [J].井冈山大学学报（社会科学版），2016，37（2）：16-20.

[23] 马静.历史虚无主义思潮对传承红色文化的影响及对策 [J].实事求是，2015（3）：92-95.

[24] 李霞，曾长秋.论红色资源的思想政治教育功能 [J].求实，2011（5）：93-96.

[25] 刘玉标，马静.提升文化自觉的三个维度 [J].湖北行政学院学报，2012（5）：79-82.

[26] 马静.基于五大发展理念的红色文化科学发展探究 [J].广西社会科学，2016（10）：199-202.

[27] 马静.浅议大学红色文化育人及实现 [J].思想教育研究，2012（10）：97-101.

[28] 朱小理.红色资源转化为教育教学资源的方式及路径研究 [D].南昌：南昌大学，2011.

[29] 马静，刘玉标 . 浅议红色文化的基本特征 [J]. 湖北民族学院学报（哲学社会科学版），2012，30（5）：35-38.

[30] 何昕，潘利锋 . 传统红色文化模因在新时期的变异与顺应 [J]. 河北学刊，2012（4）：186-189.

[31] 陈慧萍 . 高校大学生第三课堂红色文化教育研究 [D]. 景德镇：景德镇陶瓷大学，2020.

[32] 李琴 . 利用红色文化推进大学生思想政治教育研究 [D]. 太原：山西大学，2013.

[33] 宁锦峰 . 红色文化时代价值及实现路径的思考 [D]. 桂林：广西师范大学，2020.

[34] 肖灵 . 当代大学生红色文化教育研究 [D]. 南京：南京师范大学，2014.

[35] 习近平 . 弘扬"红船精神"，走在时代前列 [N]. 人民日报，2017-12-01（02）.

[36] 中共中央宣传部 . 习近平新时代中国特色社会主义思想学习纲要 [M]. 北京：学习出版社，人民出版社，2019.

[37] 邢华 . 用"红船精神"砥砺共产党人的初心——访全国党建研究会特邀研究员肖纯柏 [J]. 党员干部之友，2018（2）：14-15.

[38] 邓崔琼 . "红船精神"融入高校思政理论课实践教学模式探究 [J]. 汉字文化，2019（14）：103-105.

[39] 汤媛，傅琼 . "红船精神"融入当代大学生思想政治教育探究 [J]. 齐齐哈尔大学学报（哲学社会科学版），2019（7）：153-156.

[40] 牛涛，曲士英 . "红船精神"融入思政课的价值维度与实践探索 [J]. 中国职业技术教育，2019（19）：15-19.

[41] 王锐 . 弘扬红船精神，传承红色基因 [N]. 甘肃日报，2017-12-27（001）.

[42] 刘丹，张多来 . 论思想政治教育的导向功能 [J]. 中南大学学报（社会科学版），2008，10（4）：38-39.

[43] 赵山，王小云 . 思想政治教育导向功能在"微时代"的困境与突破 [J]. 教学与管理，2016（33）：48-50.

[44] 王东光 . "微时代"背景下的初中思想政治教育探究 [J]. 西部素质教育，2016，2（24）：94.

[45] 张金鑫，张国启．微时代思想政治教育话语权提升的逻辑思考 [J]．继续教育研究，2015（2）：86-88．

[46] 陈婷，安建平．微时代发挥思想政治教育导向功能的途径 [J]．人民论坛，2016（5）：183-185．

[47] 郭娜．网络时代高校思政教育工作的转变探讨 [J]．科技资讯，2014,12(27)：232．

[48] 黄艳．网络环境下高校思想政治教育新途径探究 [J]．文化学刊，2015（3）：13-20．

[49] 邹立娜，崔玉，柏顺．运用网络开展高校团员青年思政教育工作探究 [J]．学校党建与思想教育，2015（6）：71-72．

[50] 刘华伟．高校网络思想政治教育工作的初步探究 [J]．科教文汇（中旬刊），2013（6）：8-9．

[51] 李凤堂，生命主体性教育：学生核心素养的基石 [J]．当代教育科学，2016（20）：21-24．

[52] 罗祥莉．试论当前高校学生思政教育工作的意义及做法 [J]．黔南民族医专学报，2013，26（1）：77-78．

[53] 徐芳．大学思想政治教育教师队伍建设的主要对策 [J]．湖北函授大学学报，2013，26（12）：8-9．

[54] 郭娜．网络时代高校思政教育工作的转变探讨 [J]．科技资讯，2014，12（27）：232．

[55] 黄艳．网络环境下高校思想政治教育新途径探究 [J]，文化学刊，2015（3）：13-20．

[56] 邹立娜，崔玉，柏顺．运用网络开展高校团员青年思政教育工作探究 [J]．学校党建与思想教育，2015（6）：71-72．

[57] 刘华伟．高校网络思想政治教育工作的初步探究 [J]．科教文汇（中旬刊），2013（6）：8-9．

[58] 罗祥莉．试论当前高校学生思政教育工作的意义及做法 [J]．黔南民族医专学报，2013，26（1）：77-78．

[59] 李廷宪，郭超．用系统思维指导"青马工程"建设 [J]．中国青年政治学

院学报，2010，29（2）：58-62.

[60] 龙飞.当代大学生红色基因传承研究[D].南昌：江西师范大学，2018.

[61] 胥城墙.红色文化的传承与发展问题研究——以遵义红色文化为例[D].贵阳：贵州大学，2019.

[62] 杜刚.红色文化在高校学生思想政治教育中的现状及其对策研究[D].太原：中北大学，2018.

[63] 徐朝亮，周培炎.利用红色文化提升大学生思想政治教育成效[J].继续教育研究，2009（7）：98-100.

[64] 李艺潇.当代大学生红色基因传承研究[J].石家庄学院学报，2020，22（4）：50-54.

[65] 李延宪.青年马克思主义者培养工程机制建设研究[M].芜湖：安徽师范大学出版社，2015.

[66] 王宇.高校"青马工程"存在的问题及应对策略[J].广东蚕业，2017，51（7）：65.

[67] 程海礁，梁占方.燕赵优秀传统文化资源与"河北精神"培育问题研究[J].廊坊师范学院学报，2014，30（2）：74-76.

[68] 王奇，吴秋明.基于物理-事理-人理系统方法论的红色基因传承研究[J].重庆科技学院学报，2021（6）：17-25.

[69] 孙炳芳.河北红色文化生成源流概述[J].传承，2010（24）：10-11.

[70] 孙炳芳.何群.河北红色文化生态体系简论[J].地情研究，2010（10）：31-32.

[71] 于进.高职院校思想政治教育工作存在的问题及对策[J].职业，2018（3）：97-98.

[72] 彭恩胜，方志新.中医药类大学生思想特点调查分析与思考[J].中医药导报，2006（12）：94-96.

[73] 孙光荣.中医药文化传承与发展战略的思考[J].中国中医药现代远程教育，2005，3（10）：3-6.

[74] 毕海燕.论高校文化素质的教育与人才的培养[J].吉林省教育学院学报，2009，25（3）：34-36.

[75] 杨威，宋毅，崔辉，等．医学院校人文教育的价值定位 [J].医学与社会，2008，（2）：60-61.

[76] 盛亦如，钟孟良．中华医德风范 [M].北京：中国中医药出版社，1994.

[77]《十谈》编写组著．加强和改进新形势下高校思想政治工作十谈 [M].北京：人民出版社，2017.

[78] 胡广涛．浅谈电影在对大学生进行德育教育中的功能 [J].电影评介，2006（24）：77-78.

[79] 王晶洋．红色引领：浙西南革命精神融入高校党建工作实践创新研究 [J].现代职业教育，2021（15）：8-9.

[80] 韩平．公私观教育：高校思想政治理论课改革创新的内生点 [J].思想政治教育导刊，2019（9）：93-98.

[81] 刘洋．高校提升传承红色基因传承实效的两大着力点 [J].宁夏师范学院学报，2021，42（8）：95-101.

[82] 赵继学．红色文化在高校基层党建工作中的价值与运用 [J].戏剧之家，2020（10）：155.

[83] 王新学，宋一婷，周文铸，等．高校基层党建中的红色文化探索 [J].黑龙江教育（理论与实践），2021（11）：17-18.

[84] 辛翔．新时代红色文化融入高校党建工作探究 [J].教育教学论坛，2020（30）：1-2.

[85] 胡爱军．红色文化在高校党建工作中的影响及应用 [J].南方论刊，2020（9）：45-47.

[86] 刘捷．红色文化教育与党建工作的融合发展模式思考 [J].现代交际，2020（9）：151-152.

[87] 冯飞．十九大背景下红色文化融入高校基层党建工作研究 [J].济南职业学院学报，2018（5）：61-63.

[88] 白雨可."红色经典"影视剧改编作品研究——基于马克思主义文艺理论视角 [D].西安：长安大学，2013.

[89] 程建宁，丁宏远，刘常仁，等．活着的马克思（升级版）[M].北京：中央编译出版社，2018.

后　记

　　本书从酝酿到成书历时三年，过程中得到了很多同人的帮助，在此我要感谢朋友、家人的鼓励和帮助，尤其特别感谢燕山大学出版社的支持。

　　本书的研究和写作得到了河北省社会科学基金项目"高校基于 WSR 系统方法论的河北红色基因工程传承机制研究"（项目批准号 HB21ZX008）的支持。我近年来一直致力于意识形态领域，尤其是红色文化的研究。目前研究还在继续，成果也会在将来不断更新和完善。因此，本书在写作过程中的一些观点可能存在时间和空间的局限性，还请各位同人给予指导！感谢大家！

张坤

2021 年 12 月